高效带班

如何带好"问题班"

钟杰 著

How to Crack
the Hard Class

湖南人民出版社·长沙

本作品中文简体版权由湖南人民出版社所有。
未经许可，不得翻印。

图书在版编目（CIP）数据

高效带班 / 钟杰著. —长沙：湖南人民出版社，2022.4（2023.9）
ISBN 978-7-5561-2867-9

Ⅰ.①高… Ⅱ.①钟… Ⅲ.①班主任工作 Ⅳ.①G451.6

中国版本图书馆CIP数据核字（2021）第268601号

高效带班
GAOXIAO DAI BAN

著　　者：钟　杰
出版统筹：陈　实
监　　制：傅钦伟
责任编辑：田　野　姚忠林
责任校对：陈卫平
特邀编辑：杨　敏
封面设计：刘　哲

出版发行：湖南人民出版社［http://www.hnppp.com］
地　　址：长沙市营盘东路3号　　邮　编：410005　　电　话：0731-82683357
印　　刷：长沙新湘诚印刷有限公司
版　　次：2022年4月第1版　　　　　　　　　　　印　次：2023年9月第7次印刷
开　　本：880 mm × 1230 mm　1/32　　　　　　印　张：8.25
字　　数：190千字
书　　号：ISBN 978-7-5561-2867-9
定　　价：52.00元

营销电话：0731-82683348（如发现印装质量问题请与出版社调换）

自序
如何带好"问题班"

每天都怀着赴约的心情进教室

2011年2月22日,我怀着忐忑不安的心情走进了深圳市光明中学高一(七)班的教室。这是一个由11位音乐生和40位美术生构成的重组班级。这些孩子之所以选择艺术班,一方面是因为他们从小对艺术充满向往;另一方面也是因为艺术班对文化课成绩要求相对较低,压力会小一点。

稍有带班经验的班主任都知道,重组班级人际关系复杂,学生严重缺乏归属感和安全感。高一（七）班虽已成立，但学生都以旧班级为单位，拉起小圈子各自组团玩，班级凝聚力和荣誉感都很差。不仅如此，学生的学习成绩和学习能力也不尽如人意。

　　班级缺乏凝聚力，学生的学习成绩和学习习惯都很差，我又是一个从四川空降到该班的班主任。在这样陌生而复杂的环境里，水土不服的我面对一群同样茫然无措的学生，不仅我自己心里没底，而且领导也有些放心不下。但我是一个从不肯轻易认输的人，些许踌躇后，我就重新调整好了心态。既然接手的班级被大家视为差班，那我就要亲手把它变成好班。

　　首先，我带着孩子们给这个重组班级取了一个大家都很喜欢的班名——乐美家族。乐，是指音乐生；美，是指美术生。我告诉他们：'从今以后，我们有乐同享，有忧共担，打断骨头连着筋。等到而立之年再聚首时，女生的孩子要叫男生舅舅，男生的孩子要叫女生姑姑，我们是相亲相爱的一家人！'

　　其次，我在班里建立班级管理团队，把每个学生都纳入班级管理中来，教他们从细节入手，培养他们自我管理的能力。学生的自主意识被我唤醒，学习的欲望也被激发出了，学风日益浓厚。

　　我还利用工作的碎片时间，以"阳光不锈在囧途"为主题，把我与乐美家族的孩子们之间发生的点点滴滴以日记的形式写了出来。与乐美家族生活的那些日子，我每天早晨去学校都有一种赴约的心情。这些年来，我一直把这本教育纪事当作我的私藏品"养在深闺"，想孩子们了，我就调出文档来读一读，从没想过联系出版社出版。没想到十年弹指一挥间，这部被我珍藏的作品终于要与读者见面了。能够被我深藏十年，这究竟是一本怎样的书呢？

我可以很有底气地说，这是一本可以帮助班主任把差班转化成好班的书。借助多年的教育经验，我归纳出一套高效的带班策略，遵循了教育原理和学生的成长规律，既能有效地促进学生的心理发育，又为塑造健全人格奠定根基。每一个鲜活的案例背后都潜藏着巧妙的教育方法，每一次教育漫谈之中都孕育着新生的希望。在正确的方法面前，一切陋习都不足为惧，本书就是最好的证明。

全书共分五个章节，分别是：班级自治，唤醒学生的自主意识；激发潜能，助学生实现自我价值；注重细节，班级管理要从小事做起；攻心为上，帮学生做好情绪管理；班主任的高效工作法则。五个章节前后贯通，既有交叉，又各有侧重。

第一章，我的侧重点在于"管理育人"。具体操作时，我把重心放在团队建设上，只有把每个孩子的主人翁意识激发出来，他们才会接受并热爱自己的新班级，才能产生归属感和安全感。人际关系也会因此得到改善，班级凝聚力才会真正增强。

第二章，我的侧重点在于"文化育人"。我带着学生进行物质层面、精神层面的文化建设，通过健康积极的班级文化去滋养学生的灵魂。自从打造出班级文化之后，孩子们的心灵变得温暖润泽，班风由原来的"软懒散"变成了"快静齐"，可以明显地看到孩子们的生命状态发生了显著变化。

第三章，我的侧重点在于"细节育人"。我所理解的班主任，就是在日常鸡毛蒜皮的小事里帮助学生寻找人生意义的人。重视每一个细节，"随风潜入夜，润物细无声"。只有这样，教育才能深入，学生才能学有所得。

第四章，我的侧重点在于"情感育人"。俗话说，育人先育心。老师若不能走进学生的心灵，无论说什么大道理，对学生而言都是隔靴搔痒。即便你说的每一句话都是真理，在学生那里也只是"正确的废话"而已。我尊重学生的情绪，帮他们消除情绪的污染源，极尽所能地保护抑郁质人格的学生，指导学生正确处理异性情感，努力做好学生情感路上的摆渡人。细腻的情感介入和恰当的情感辅导，不仅能令乐美家族的每个学生都感到亲切与温暖，还令我获得了学生的高度认可。

　　第五章，我的侧重点在于"班主任的自我提升"。班主任，是班级的建设者与组织者，是孩子们的主心骨，是把学生带向美好未来的领路人。如果班主任专业成长的速度比学生产生问题的速度还要慢的话，那么就无法缓解学生在成长中所经历的各种痛苦，也无法解开他们的各种困惑。因此，班主任的自我成长是班主任工作得以顺利开展的重要保证。那么，班主任需要从哪些方面来成长呢？走进第五单元，用心细读，定会让你收获良多。

　　薄薄一本书，写不尽我在班主任工作中的十八般武艺，但我相信，只要你愿意捧起这本书，寻一隅安静之所，用心地读几个小时，定会让你豁然贯通、疑惑尽释，让你在日后的班主任工作中更具掌控力和成就感。我在走进乐美家族之前，心中有很多的困惑与不解，甚至还有隐隐的不安与恐惧，但当我鼓足勇气走进教室，与乐美家族的每个孩子建立起健康的人际关系后，我发现自己的情绪高涨了，信心增强了，对自我的认可度也提高了。使用上述策略管理乐美家族时，我不仅获得了学生和家长的认可，还收获了职业的尊严！只因我知道，在学生和家长那里，我是专业的，也是无可替代的。

亲爱的读者朋友，愿你读完这本书后能如我一样，每天早晨都怀着赴约的心情去教室，与一群朝气蓬勃的孩子进行心灵的约会。你会由衷地感受到：原来师生之间最浪漫的事莫过于，老师陪学生长大，学生陪老师变年轻！

是为序！

钟杰

2021年11月于深圳

目录

第一章 班级自治，唤醒学生的自主意识

甄选临时班委 / 003

打造高效的班级管理团队 / 007

确立管理者的职责 / 012

为核心管理者释疑解惑 / 016

培养真正的领导者 / 020

第二章 激发潜能，助学生实现自我价值

在集体中彰显价值——"乐美家族"的诞生 / 029

生命活力始自健康——给学生的 14 条建议 / 034

知行合一，笃学笃行 / 037

强化规则意识 / 040

珍惜集体荣誉感 / 043

失败之后如何寻找出路？/ 047

要梦想，更要信念 / 052

第三章 注重细节，班级管理要从小事做起

反思是改变的第一步 / 061

主动整理课桌有多重要？ / 065

擦黑板也有大追求 / 069

当规矩成为习惯时 / 072

财物失窃的另类解法 / 076

女生违规可以当众训斥吗？ / 081

那些令人备感幸福的细节 / 087

第四章 攻心为上，帮学生做好情绪管理

如何化解激情冲突？ / 093

消解情绪污染的有效途径 / 098

挽救后进生的有效策略 / 102

针对抑郁质人格的保护措施 / 116

做情感路上的摆渡人 / 124

正确处理早恋问题 / 137

叛逆少年的个性教育 / 157

第五章 班主任的高效工作法则

集体意识是第一要义 / 181

用善意筑就理解的桥梁 / 186

如何令沟通更有效？/ 191

情感交流必不可少 / 196

"青蛙效应"正利用 / 201

言传身教，及时引导 / 204

规避惩罚的最好办法是"慎独" / 207

谨防家长成为师生关系的障碍 / 210

孩子为何如此听话？/ 215

没有换位思考何来自我教育？/ 220

令孩子谨遵师训的五步法 / 224

褒奖促进正强化 / 229

教育的使命就是培养合格的现代公民 / 234

着装也是建立教师形象的关键 / 239

"说教"不失为一种教育方式 / 243

后记 / 249

第一章
班级自治，
唤醒学生的自主意识

甄选临时班委

新班级初建,便确立了"我们就是一家人"的集体信念,但孩子们还是"各自为政"。而我,天生就有三短:一短难认路——在一个陌生的地方,同一条路走几遍也摸不着门;二短难认人——一张脸对看多次,仍旧分不清;三短对数字不敏感——连我父母的电话号码都记不住。

所以,在深圳光明中学这个陌生的地方,我深受此"三短"之害。其他不说,单是识记学生已然有苦难言。名字记得滚瓜烂熟,我却无法将之对号入座。这是天生的短,有什么办法?与其自怨自艾自寻烦恼,不如另寻他途,或许会出现转机。

于是我笑着对孩子们说:"咱们的新家就算成立了,老师算什么呢?勤务员,跑腿的,打杂的,或者说你们的陪伴者也可以。俗话说

'蛇无头不走，鸟无头不飞'，现在，我们要为高一（七）班物色一个头儿。那么，谁来做我们的头儿呢？同学们可以通过自荐、推荐，当然也可以由我任命，把我们班的头儿推出来。我得说清楚，这个头儿一旦推出来，就是咱班的班长，每个人都要听他的！"

对孩子们来说，一个班级若没有精神领袖，那么这群孩子注定要与黑暗并行。同时，如果没有孩子们认可的同伴来掌控全局，那么这群孩子就会像一匹匹脱缰野马，在班里胡作非为。

别看这些孩子都是高中生，却依然孩子气十足。听说要选班长，个个都很激动，尤其是男生，大有一显身手的样子。由此看来就算是孩子，潜意识里也有着极强的"占山为王"的欲望。"王者"，谁都想当，但未必人人都有王者的风范。

我收到了孩子们交来的一大把自荐或者推荐信。根据自己的观察，以及原班主任反馈给我的信息，我反复权衡，最终决定把临时班长的职位交给王金睿同学。

王金睿原本是体育委员，属于"你办事，我放心"的那种孩子。加上他人品好，人缘也不错，做事主动且个性坚毅。所以，才到班两天他就在新环境里树立了威信，属于领袖型孩子，是班长一职的最佳人选。

班长一职尘埃落定。接下来，仍是通过自荐、推荐的方式，高一（七）班的管理团队也浮出水面。分别是：

班长：王金睿；纪律委员：钱达尊；学习委员：刘颖萱；文娱委员：张嘉；环保局长：乔立；卫生委员：王达；体育委员：唐子德；掌印大使：张霞；书记员：苏敏仪；团支部书记：杨家强；宣传委员：程亦。

实施这些程序，在高中孩子的眼里，不过是常规操作，因而他们并不惊奇。倒是在我公布干部岗位时，有三个职位令他们惊讶且发出阵阵爆笑。

其一，是掌印大使。他们说之前闻所未闻，我笑着说这是我的原创加首创，全国独此一家。孩子们闻言笑得更凶了。我忍住笑，解释道："一个正规的班级，有自己的机构，怎么能没有自己的公章呢？所以，等我们的班名确定，就要雕刻一枚班级公章。掌管这枚公章的人，可是一位重量级人物哦。掌印大使首先要公平，因为要负责审核班级文件；其次要细心，因为要妥善保管印章；再次还要勤快，因为要熟记班规，便于为班级大法官（纪律委员）提供规章依据。

待我说完，孩子们当即就兴奋起来，不少孩子还附和道："就是要有自己的印章，这才正规！"

其二，是书记员。他们都惊讶地问："书记员是做什么的啊？"我笑着说："书记员是我们班最不可缺少的官。每天都要负责教室黑板左右边的书写工作，在右边写出当天的课表，在左边写出当周的助理班主任、值周生，以及每天的清洁值日生。还要负责班级所有的复印工作，以及负责各类工作计划和总结的收集。最为重要的是要承担每节课的考勤工作，并及时将情况写在小黑板上。说实话，不可靠的人，我还不委以重任呢。"说完，我朝闷闷不乐的苏敏仪看过去，孩子们也呵呵笑了起来。本来对任命稍有不满的苏敏仪听我这样一说，面色和缓许多，对着我腼腆地笑了笑。

其三，是环保局长。听说是由乔立担任，教室里立即传出了怪异的笑声。我知道怪笑所指为何。一是他们以前从未听说过"环保局长"一职；二是乔立本身是一个懒散成性的孩子，这样的同学也可以做班委干部，在他们看来或许是一种笑话。我沉住脸，说："我们班能否成为优秀班级，环保局长是起关键作用的。我相信乔立有这个能力！"

我让乔立做环保局长实际上是有我的小算盘的。乔立的前班主任说乔立是个很难搞的孩子，可我发现在第一周的语文课上他表现得很不错。如此说来或许他只是在我面前伪装。能装也好，说明他渴望进步，希望在我这个新老师面前"重新做人"。我何不将计就计，把他捧成好学生呢？

于是我也装，装作不了解乔立的底细。煞有介事地称赞他字写得漂亮，一本正经地指点他如何做环保局长，开诚布公地与之谈心。说得乔立笑盈盈地点头应承，末了，还担心地说："我们班同学的坏习惯不是一两天形成的，要改估计很困难。"我笑着说："我不急！我有等待的耐心。咱们只要愿意改，就是一大进步。我也不要求你们立即就改正，你开展工作也不要急躁，慢慢来，一步一步做扎实。"乔立像是受到了鼓舞，说："只要我们班团结起来，还是能改掉的。"我拍拍他的肩膀，坚定地点点头，微笑着示意他回教室上课。

不管怎么说，管理团队出炉了，就意味着这个班级不但成立而且已经开始运转了。接下来，培训工作才正式开启。

打造高效的班级管理团队

新班级建立之初,由于对班级情况不熟,我只能暂时指派一些看起来蛮有工作能力的孩子组建一支临时班委团队。临时班委团队运行了五周,除了环保局长和团支部书记的责任心与工作能力稍逊外,其余的干部我都没看走眼。

因为事先早已说明,第一届班委团队只是"临时政府",运行五周之后就要改选。所以,他们的任期刚结束,就再度举行了班干部大选活动。由此产生了第二届班委团队。由于新任干部的加入,培训工作还得进行。

培训内容:

一、要有正气

一个班级是否上进,是否守纪,是否优秀,很大程度上取决于班委团队是否有正气。

没有正气的班委干部，看见不良现象不敢吭声，看见有损班级荣誉的行为不敢阻止，放任自由，班级不良行为只会越来越多。邪既已胜正，班风最终会沦落到何种程度，不难想象。因此身为班委干部，一身正气必不可缺。

那么，怎样才叫有一身正气呢？那就是做事光明正大，对的就是对的，错的就是错的，原则之内寸步不让！缺乏正气的班委干部，虽然表面上不会得罪人，但实际上也是令人看不起的。有正气、敢说真话、做实事的学生，有可能会得罪同学，最终却能赢得大家的敬佩。因为，不管在哪个时代，积极上进、求善求真都是大家认同且追求的价值观。

二、要有执行力

什么叫执行力？所谓执行力，指的是贯彻战略意图，完成预定目标的操作能力。执行力包含完成任务的意愿、完成任务的能力和完成任务的程度。执行力对个人而言是办事能力，对班级而言就是战斗力。而衡量执行力的标准，对个人而言是按时按质按量完成自己的工作任务，对班级而言就是在预定的时间内实现班级的预期目标。班里的原环保局长为什么会落选？因为交给他的任务，没有一项执行下去了。一个多月以来，他所负责的工作始终是外甥打灯笼——照舅（旧）。原环保局长的表现除了不负责任之外，就是不具备执行力。又如原团支书，为何会落选？因为交由他负责的晨练三番五次被扣分，除了他工作被动以及管理无方之外，也是因为缺乏执行力。所以，该同学们做的，一定要严格要求，不可因为同学们惯于懒散拖拉，班委干部就妥协，即便强制执行也要执行。有时，干练成熟的班委干部是需要一点霸气和脾气的。当然，前提是不可伤和气。

三、工作要主动

身为班委干部，工作一旦沦为被动，工作成效就会随之降低。所以班委干部做事要主动出击，要没事找事干。比如卫生委员，你一进到教室，首先就要环顾四周，看教室内是否整洁，桌洞有无整理，桌下是否干净，门窗是否擦净，垃圾是否倒掉了。如果这一切没有做好，那就要赶紧拿出执行力，该谁做，就让谁来完善！安排谁做，谁就必须做！身为卫生委员，脑子里必须有这样一个念头：无论何时走进教室，都应该"干净整洁"，做到这四个字，卫生委员就无可指摘了！再比如体育委员，你的任务是什么？那就是带队跑操、升旗、集会。不要等到老师说"下去集合了"，你才懒洋洋地行动。而是一听到铃声就立即行动。带队下去的时候，就要高声提醒大家戴校牌，有谁请假要弄清楚，做好出勤记录，如有新同学不认识，要主动去认识，不要等着别人来认识你。负责晨练的前任团支书，负责晨练几周了，出了问题问他原因，竟然理由十足：我不认识那些同学！不认识？既然不认识对方，你为何不主动去认识呢？难不成你还要做老爷，等着别人来参拜你？

四、工作要有方

俗话说"天道酬勤"，当然没错，但前提是：勤的方向要正确，勤的方法要对路。如果方向错了，方法不对路，那必定会弄巧成拙。所以身为班委干部，不能只顾埋头苦干，而是要寻找有效的方法。

目前，我们班级被扣分主要集中在哪几块？晨练、课间跑步、晚修纪律。扣分原因大家反思过没有？晨练主要是迟到或者不到，那为什么会迟到？谁迟到了？又有谁没到，不到的原因是什么？你关心过没？如何才能解决迟到或不到的问题？你想过没有？晚修纪律问题出在哪儿？你总结过没有？为什么会出现这种问题，你思考过没？如何才能避免这种问题发生，你动脑子没？如果你身为负责人都没花时间思考一下这些问题，那么我得实话告诉你，无论你多么努力，你的工作都不会有成效，你每天就像一只无头苍蝇一样白忙了。

所以我建议卫生委员，要制定教室卫生和课桌整理的标准，监督每个卫生组的组长，严格按照制定出来的标准去做，久而久之形成习惯，你就一劳永逸了。其他班委干部都可依照我所建议的方法去梳理自己的工作思路。我相信，只要有心，只要愿意，一定能找到恰当有效的管理方法。

五、管好自己才有资格管理别人

有句话叫作"干部带头，群众加油"，身为干部，自然就是群龙之首。首往何处走，尾才跟着往何处行。所以，班委干部的操守就是班级成员们行为的风向标。想把问题班带成优秀班级，首先要有一个优秀的班干团队，没有一支精锐之师，休言打胜仗。

子曰："其身正，不令而行；其身不正，虽令不从。"所以，我要向每位班委干部提出要求：以身作则！

六、明确职责

首先，班干部要做好自己的分内之事；其次，要协助其他班委干部管理班级。

总之，班级管理无小事，每一件事都值得我们去做、去思考。

七、团结协作，不互相拆台

任何时候，团结都非常重要！尤其是21世纪的人才，必须具备合作意识。独木难成林，一人难成事，作为班委团队成员，各位同学必须互相帮助互相监督，共同进退。

确立管理者的职责

按照惯例，周五下午第八节课，学生应该在教室里自修。自修结束后，不培优的同学可以回家，要参加周六培优的同学则到餐厅吃晚餐，然后等到晚上7点到教室上晚修。

要说这些孩子都已经在光明中学读了一学期，对学校的作息时间安排应该比我还清楚。可是，等我第八节课进到教室的时候，教室里只有23位同学，而这23位同学之中还不乏心不甘情不愿者。其中行为最为恶劣的要算刘晓波，他本来是留在教室里的，涎皮赖脸地跟我说要出去玩，我没同意，他竟然趁我不备偷跑了。这种无视规则制度、无视他人感受的行为实在是过分极了。

那么离开教室的26位同学呢（班级人数本来是50人，陈子麒出车祸还在医院躺着，所以目前只有49人）？除去体育训练的4人，练琴练嗓的7人,生病的2人,还有13个学美术的同学究竟跑到哪里去了?更令我大失所望的是,这13个不知去向的学生之中,竟然有班长王金睿、团支书杨家强。班长都带头跑了,难怪群众要作鸟兽散了。事后我打电话给周维贤告诉他如何调整自己的情绪(陈子麒是周维贤最要好的发小,所以陈出车祸后,周总是闷闷不乐),顺带问他为何提前离开教室,他在电话那头理由十足地答道:"班长都走了,我是看班长走了,我才走的。"

这么说来,这次大家之所以敢不按规矩行事,是因为前面有个班长带头。就算要挨批评,起码要先批评班长才对。人性就是如此,想违规,又不想付出代价,所以就尽量克制自己不违反规定。但如果前面有个重要人物顶着,出了事情首当其冲的是这领头人物,无名小卒跟着一起浑水摸鱼有何不可?那可是相当刺激的事情呀!

看来,我必须对班长进行单独培训了。为了避免面对面的尴尬,我还是通过书面文字来告诉王金睿如何做好班级的领头人吧。

第一,把班集体当作自己的家一样来爱护。身为班长,就是班级的领头人,也可以叫作带头大哥。如果这个带头大哥都不热爱自己的班级,其他同学就会因为缺乏主心骨而离心离德。如何把班级当作自己的家一样来爱呢?首先是发自内心地认可与接纳这个班;其次是时时刻刻都要反思自己的行为会不会给班级带来负面影响,会不会给其他同学带来不良的示范作用;再次是用行动来表达自己对班级的热爱和忠诚。比如主动为班级争取利益,主动帮助有困难的同学,主动拉近那些游离在班级边缘的同学,主动召开班委会解决班级现存问题……当然,最重要的就是自己一定要以身作则。

第二,要愿意吃亏。有句俗话叫作"吃得亏,打得堆"。一个斤斤计较、吝于付出的人，是不可能得到团队成员的认可的。所以，你要多花一点时间在班级的管理上，多为班级做一些力所能及的事情，多关心、帮助同学。费心尽力虽看似吃了亏，实际上却是赢家。你因此赢得的好口碑、树立的威信、培养出的领袖气质、聚集的深厚人脉，都有助于你步入职场后的发展。

第三，对于班级的不良现象，要敢于发出自己的声音。作为班长，就是班主任的首员大将，班主任不在教室里，班级局面全靠班长掌控。所以，班里出现不良现象，身为班长，应该第一个站起来发出自己反对的声音。我相信，每一个人都是服理的，只要有理有据，那些违纪的同学是不敢把你怎么样的。相反，你的敢说、敢为，会为你赢得尊重和地位。班里出了问题，你不吭声，没人知道你是班长，你只有发出了你的声音，他们才知道你这个班长的存在。所以，不要害怕，不要觉得自己个儿小，在那些大个子面前就底气不足。邓小平那么矮的个子，他的思想、他的精神、他的灵魂堪称世界巨人吧？

第四，要把同学当作自己的生死弟兄。看过《亮剑》的人都知道李云龙这个角色，他脾气火爆，却能得到战士们的信任，这是为何？就是因为李云龙把每位战士都当作他的生死弟兄，在战场上身先士卒、出生入死，成为战士们的榜样。战士们自然会报以同等的信念，愿与之同生共死。我也希望你能把班里的每个同学都当作自己的生死兄弟那般在乎。我相信，只要你在乎他们的感受，你所做的是为他们好，哪怕你做错了，甚至是做得有点出格了，他们也会理解进而谅解的。

第五，培养遵守规则的习惯以及忍耐力。既然你是班长，就要明确自己的身份。你是头儿，你的一言一行都被大家关注着。很多时候，大家就以你为榜样，跟在你的后面。所以，你必须比别的同学更严格地遵守规则。优秀的行为不算优秀，优秀的行为习惯才是真的优秀。所以，希望你把优秀当作习惯。同时，也要注意培养自己的忍耐力。当今社会，功利喧嚣，很多人都恨不得一夜暴富或一夜成名，耐不住寂寞，耐不住单调乏味的日子，结果往往是事与愿违。真正的成大业者，都是具有优秀的行为习惯以及极强忍耐力的。

总之一句话，相信自己，把自己修炼成一位优秀的班长，不仅会为班级，而且会为你自己带来意想不到的福音。

为核心管理者释疑解惑

上午我评阅周记,看到班长交来的周记是《做班长真的好累》。

他说,班长是他梦寐以求的职位,现在终于梦想成真了。但是,做了两周的班长后,才发现做班长不容易。首先是累,其次是感到效果不太明显,有挫败感。尽管如此,班长还是很有决心,他说,再累再苦,他都不会放弃班长这个职位的。

何止班长有决心,我也很有决心啊!首先,我要把这个班长培养成一位优秀的、能独当一面的班长!其次,我要把这个班带成一个优秀的艺术班!只是,这一切都不可操之过急,毕竟这是一个组合时间不过两周的重组班级,后来加入的11位同学才在教室里坐了一周。一两周时间,就想把问题频出的艺术班带成优秀班级,这就好比玩穿越游戏,看起来虽热闹，但都是假的。

再说，教育是一个慢工活，很多程序需要一步步来，很多铺垫需要一步步做，等到程序到位，铺垫做足，优秀的班级才会带出来。

想到此处，提笔给班长写了一张小便条：

班长：

现在你别着急，我们当下的任务是：一、做好面上的工作，避免学校量化考核制度对我们班级的惩罚；二、尽快让大家彼此熟悉起来，增进同学之间的感情，让每个同学接纳班集体，热爱班集体；三、你要利用课间、自修时间观察哪些同学自控力强，规则意识也强，心态阳光，把这些同学团结在你的周围。也就是说，先把班上的主流力量凝聚起来，剩下的那些个性桀骜、脾气执拗、心态阴暗、问题行为频发的同学，则由我来诊断，再慢慢转化。

总之，你要记住一句话：教育是慢的艺术！不可急功近利！跑得快不如跑得久！每天都有进步的班级，才能被打造成优秀的班级。

钟老师

教育就像种庄稼，该做的步骤一定得做，否则，种出来的庄稼要么歉收，要么变异。优秀的教师也就如同一位优秀的老农，每天关注的不是庄稼长得有多快，而是庄稼是否生病，是否有虫害，是否缺水，是否缺光，是否生长，然后给予精心的呵护，到了收获的季节，一定能喜获丰收！

小便条是送给班长了，但他未必能理解我的意图，毕竟我才到这个学校不久，与他也才做了两周的师生。所以，下午我又约他晚上6点30分在塑胶跑道上走走。

晚上6点30分，班长如约而到。我和他并肩在塑胶跑道上漫步,就像与我的儿子在徜徉一样(班长虽是高中生,个子比我儿子稍显矮小)。班长的确是一位不错的孩子:克制、勤奋、积极、懂礼,并且具有一定的管理能力,既能体谅家长的处境,也能认清自己的境况。

我问他是否明白我在小便条里写的内容。他说他明白。我笑着说:"我有很多想法,但现在都不能实施。我们先要把大局稳住,要把面上的工作做好,要让大家认为我们班是一个有前途的班级,然后再开展一系列的精神引领活动。再等两周,我们就要开始做自主化管理的准备工作了。所以,你现在除了按照我给你的提示做之外,也要放眼看看班上还有哪些同学具有领导能力,物色一些后备力量供你调遣!你读过《三国演义》,知道用人是多么重要,有时候,用错一人,毁掉的将是一个团队!至于如何物色具有领导能力的同学,我是有标准的,我会打印一份清单出来给你参考。"

班长除了认可我的话之外,也表达了他的忧虑,他说:"我感觉班上同学的心还没完全凝聚在一起,总是有点散。"我笑着说:"这是很正常的,就如我,来到这个学校快一个月了,我也没完全融入这个学校啊,但我的心是安顿在这里了。人和人形成牢固的感情是需要时间的,所以对此你不用着急。有些原班的同学要在一起玩也是正常的,毕竟人是怕孤独的嘛,尤其是小孩,更加害怕孤独。"我这样一说,班长又转忧为喜了,说:"这倒也是啊,我们才读高一时,也是感到陌生无助,读了一学期,感情深了,分开时就舍不得了。""对啊,就好比现在,我要说我爱你们胜过爱我的儿子,你们听了都会冷笑。但一年后,我说我爱你们就像爱我的儿子一样,你们一定会相信。"

我和班长两个人漫步着,闲聊着,一会儿是班级问题,一会儿又是他的家庭情况，当然了，我也会讲讲我的打算，甚至我的理想。师生二人就这样由生疏到亲密，由不甚了解到彼此信任。

末了，我笑着拍拍班长的肩膀，说："别着急，教育是个慢工活，只要我们天天都在认真做，就一定会有成效。总之，今后，我们要一起努力才行！对于整个班集体而言，我不过是其中的一分子，只靠我是不行的，要靠大家才行。等我们把同学们的思想理顺了，我就把班级还给大家！"

班长抿紧嘴唇，坚定地点了点头，小声而干脆地答道："好！"我笑笑，挥挥手，说："那去上晚修吧。"班长转身疾步走了。

望着这个孩子疾走而去的身影，我站在塑胶跑道上没动，脑子里很纷乱，心里也不免有一丝凉意：我所带的这个艺术班，将是我教育人生路上最大的挑战！因为这些孩子不仅成绩不理想，习惯更是不敢恭维。再加上他们个个家里都有钱，没有改变的必要，自然就没有上进的动力。我要怎样做才能激发出他们的上进心，从而改变他们那种散漫、拖沓、不求进取的精神面貌呢？

培养真正的领导者

对于班长近来的表现，无论是我还是班上同学都不甚满意。思前想后，我认为有必要以谈话形式对他做一个培训。

第一个令人不满的，就是班长的随性。好几次，我去上课，刚准备开口，班长却在下面与他的同桌或者前桌讲得意趣盎然。制止他吧，会让他难堪，降低他的威信；不制止他吧，他好像没有察觉。后者后果就更严重了，不仅会降低他的威信，连我在班级也会失去公信力。最终，我还是当众严厉地制止了他，把他弄了个大红脸。

第二个令人不满的，就是班长做事被动，缺乏号召力。一个班级是否团结，除了班主任的人格魅力之外，班长的管理能力以及沟通能力也极其重要。可是，班长似乎在这个方面有些先天不足，需要我为他助力。

我让班长坐我旁边，语重心长地说："你已经过了18岁，是成年人了，今晚，就是我们两个成年人坐在这里交流，目的是异中求同，寻找工作的平衡，所以，你不要有压力。"班长温顺地点点头。

我微微一笑，温和地说："前些天，班里很多同学都说到班级不太团结，但从上周获得的'朗朗读书奖'来看，我们同学其实是非常团结的。之所以感到不团结，是因为缺少一位具有号召力的人物，也就是你这个班长缺乏号召力，没有起到号召的作用。这也是部分同学对你的看法。"

班长听我这样一说，显得很吃惊，脸色变得沉重。

我又说："我想还是有必要把真相告诉你，两次选举，一次是选班委，一次是选优秀团员，你获得的都不是最高票数。这就说明，你的人气不是最旺的。这也说明，你没有做到令大家都满意，所以，你得改变方式，重新建立你的威信。不过，你也不要有太大的压力，没有人天生就是做班长的料。我要培养一位优秀的、可以独当一面的班长，短则一学期，长则一年。况且我认为你是有做班长的潜力的，所以，我是不会轻易放弃的，我要培养你，把你打造成同学心中永远的班长！"

班长尽管面色凝重，但还是很温顺地颔首赞同。

随后，我用了两段《亮剑》视频对班长进行了培训。主要是从"善沟通"和"敢担当"这两个方面进行的培训。

培训完毕，我又鼓励班长，说他有领导的气质和素质，适合做班长，现在他应该想的不是做不做班长，而是怎么做班长，如何把班长做得令每个同学心服口服！

培训完了我让班长回教室上晚修，自己则留在办公室备课。

过了大概半个小时，卫生委员田伟急匆匆地跑进办公室，告诉我："老师，班长好像不对劲，先是在哭，然后又冲出教室，还摔了一跤，我想你应该去看看，究竟是怎么回事。"

我没动，只是淡淡地说："他心里不太舒服，让他发泄一下吧，过会儿就好了。"

班长真的应该好好反思了，这段时间，他的表现的确令大家不满意。他已经是一个成年人了，应该学会反思、懂得改进。

这大抵就是昨晚的情况。那么今天，我是不是还当什么都没发生呢？不行，我必须跟班长做一次细致的文字沟通，以扫除他心中的阴霾。于是敲击键盘打出如下一封信——

班长：

昨晚听我说了那一番话，很有挫败感吧？产生这种感觉是正常的，也只有具备上进心的人才会有这种痛苦的感觉。所以，我为你感到欣慰。我认为你是一个有培养价值的班长。我会不遗余力地培养你，把你打造成这个班永远的班长！

首先，你要自信，你具备做班长的素质。你缺少的只是经验，不懂得如何放手去做。而这些，都是需要学习的。就算我不指点你，你也会成长起来，只不过时间花得长一些，弯路走得多一些。

其次，你要知道自己的长短优劣。古人说："自知者明。"一个人不了解别人不可怕，可怕的是不了解自己。那么，如何才能知道自己的长短处呢？除了自我观察、自我体认外，就是把别人当作自己的镜子，通过这面镜子来认识自己。这是很痛苦的。因为从人的本性来讲，无论是谁都渴望得到别人的认可和接受，哪怕明知是虚假的，也乐意，却害怕受到别人的否定和指责。这就好比你看镜子时，更愿意看到美女帅哥而不是骷髅魔鬼。人的心理就是这样奇特。但是，古往今来，但凡成大业者，都跳出了这种心灵的桎梏。他们勇敢地审视自己，直面自己的种种不足，然后想办法去改进。这种人，我们称之为真正的勇士。因为他（她）敢于直面自己的心灵，能够跟自己对话，甚至较劲，直到打败软弱无能的自己。

我在班上做了调查，大多数同学都支持你，鼓励你大胆地干下去。不过不少同学也指出了你作为班长却缺乏威信和号召力的原因，概括起来有以下几点：

没有做到以身作则；

缺乏亲和力；

做事被动，缺乏号召力。

先说第一点吧。班长作为班干团队的首席管理者，在班级管理中的地位是非常重要的。可以这样说，班上每个同学都在看你的举动，你时刻都处在全班同学的监控之中。你能做到，他们才愿意做到。你做不到，他们压根就不想做到。如果你带头违规却还想管别人，其他同学是不会服气的。这就叫不能正己，焉能正人？自己都做不到，要求别人做到就显得很苍白无力。威信是一步步做出来的，不是靠嘴巴说出来的。

从现在开始，你只要牢记你班长的身份，牢记你带头大哥的职责，以身作则，我相信，你开展工作就容易多了。

关于亲和力这一点。怎么说呢？同学们的感觉没错。我也觉得你有时待人冷淡缺乏热情，甚至有时面色凝重，仿佛谁欠了你什么似的。给别人一抹微笑，你收获的是一颗真诚的心，给别人一个友好的招呼，你就能获得别人心怀善念的好感。今天，你看了国学讲座视频，你应该明白沟通有多重要了吧。卡耐基说过，一个人的成功，15%来自他的专业知识，85%来自他的人际沟通能力。人，才是最大的生产力，没有人，一切都等于零。同学们到学校来，就为了两点：学知识和交朋友。就我个人来看，多数同学到学校来，排在首位的恐怕不是学知识，而是交朋友。一个人只有建立了良好的人际关系，才能心平气和地坐下来学知识。那么，怎样才能具有亲和力呢？这跟班长职务本身没有关系，而跟你的心态、你的为人有关。所以，从现在开始，你要学会"变态"。视频已经教了你怎么做，我就不赘言了。

班长只是一个职务，是为大家服务的。所以，对待班级里的同学，该严则严，按规矩办事，以理服人，大家就没意见。反之，如果把个人的情绪带到班级管理中来，你这个班长就不招人待见了。我的意思是，你要把课堂、课下和生活场所分开。在学习场所，你是班长，在生活场所，你是他们的大哥。

最后说到做事被动，缺乏号召力这个问题。这不能怪你，是同学们对你的期望值太高了。但这也能理解啊，说明同学们热爱我们的班级，希望有人出来领着他们干啊。一个班级是否有凝聚力，就看班长的能量能否发挥出来。所以，当班级里出现不良状况时，不要害怕，不要退缩，而是敢于挑担子，敢于面对，敢于去解决问题。登高一呼，众皆响应，这就是王者风范！

你想想看，为什么很多同学不爱学习？为什么我们的学习效率不高？是我们的老师差吗？绝不是！我在内地带班，上课很随性，可是考试成绩却很突出。这是为什么？其实就是学生的心态不同。一个人只有内心真正想学，求知若渴，学习的效率才会提高。如某位教授所言：改变心态，才能形成正念、正语、正思维……一个认识有偏差、方向不明确、心态不积极的人，谁来教他都是没有效果的。这也是我带咱们班，总是要想办法重建同学们的价值观的原因所在。

通过这次经历，希望你痛定思痛，能真正成长起来。记住：成长本身就是一种痛，经受住了，你就能破茧成蝶！

信是写了出来，次日递交班长看他如何回应。如果他能真正领会我的意思，我们班就会诞生一位优秀的班长，反之，我只能另谋人选。

第二章
激发潜能,
助学生实现自我价值

在集体中彰显价值
——"乐美家族"的诞生

班名的由来颇为曲折,从酝酿到敲定耗时一周多。为了制定班名,同学们集思广益迸出青春火花,各种建议纷至沓来:

1. 海贼船。老师,这是我取的班名。我知道,您一看到这题目,心中已然决定:这是不可能的!也许"海贼"这个名词在大人的心目中已是铁定的贬义词。但是,这是我心目中的好名字。它确实不好听,也不响亮,可它在我心中有着无比重要的意义。我知道这名字对于很多90后小孩是多么重要。因为,我是从非常棒的动漫中想出的这个名字。那动漫名为《海贼王》。

如果不知道这个名字蕴含的意义,它就毫无价值了,并且容易让人误解。

欧盟盟旗上有十二颗星星,有人简单地认

为它只是代表十二个国家。但是，在学英语的过程中，我知道十二颗星星并不单单是十二个国家，它还象征着其他东西。如果，我们不知道欧盟盟旗上的十二颗星星代表什么意义，其他人就会说我们知识贫乏。可如果我们只了解海贼船的意义，其他人又会说我们幼稚。在不同的问题中，问题本身存在一个巨大的代沟。

海贼，我个人认为比许多人都讲义气，可以舍生救友，他们散发出的人性光辉也是值得我们珍视的。

天空是那么蓝，蓝得让人心无边界。海，不是天空的复印，它的颜色是深蓝，带着神秘。若害怕这种神秘，就别怪海水无情而拒绝你。

如果没有了岛屿，那小船就是你的依靠，它带着你在这片海洋里飞扬。

若海洋是现在的社会，岛屿是你的家，小船就是你的班级，船长就是你的班主任。

海，波澜不惊，时而大风，时而大雨，时而大浪。若不是你们的心建造起坚固的船，恐将迷失在茫茫大海中。心失去方向，人在而心空，那是可怕的。所以，船长要领好船，让小船变大船，在海洋里……

船，也是承载希望与梦想的。如果不是为了追寻理想，谁会漂荡在大海？

（由于现在时间较晚，后面可能打动不了老师您。并且，我还有许多话未写出来，有时间或者有思路，我会续写的。我的班主任，从一年级到现在都是由语文老师担任的。虽然老师们总说某某文章用了铺垫，但我都没看出来。可今天我也用了铺垫，我的文字里还有深层含义，请您读懂我的心声。这是无法与您面对面说的，只能

写在纸上,请多谅解)——刘颖萱

就事实而言,海贼确实是恶的代表,所以从弘扬主流文化的角度来说,我是不会取用"海贼船"这个名字的。但我很欣赏刘颖萱独立思考的个性,更佩服她敢于把自己心中所想写出来,因为这需要勇气。虽然我没取用颖萱提供的班名,但为了鼓励她独立思考,我特意让她从这篇文章中提炼一句班级格言出来。刘颖萱雀跃领命,答应周五交给我。

2.飞翔。因为我希望所有人都能在这片蔚蓝的天空中飞翔。——王金睿

3.终结七班。最后的胜利永远属于七班,因为我们让七班终结了。还有老师您的名字和"终结"这两个字的读音很相似。终结七班,钟杰老师带领着我们七班向高考冲去,带领着我们去实现理想,圆我们的大学梦。——陈小明

4.给力七班。"神马"都是浮云,"神马"都给力。去年是给力年,希望我们七班今后的一切都给力,成为最给力的班级,所以取名为给力班。——蒋子美

5.阳光不锈,青春盛开。——黄御

6.敢拼班。只有敢于拼搏才不会有遗憾,才能冲向目标。——冯子涛

7.天杰班。选自"天灵人杰"词语的开头和结尾俩字。因为我相信我们班的人都是有天赋的,长大肯定能出人头地,所以叫天杰。——孟婷舒

8.情奋七班。情,代表班级友谊,友情不灭;而奋,则具有奋斗和一直向前的深意。这两个字正好跟"勤奋"同音,也表示七班会一直勤奋进取。——李子安

9. 璀璨七班。——白天明

10. 德艺双馨。艺术班，顾名思义就是艺术出众的班，但只有艺术还不够，最重要的还是品德。所以德艺必须兼备，而我们七班又是一个温馨的大家庭，所以叫德艺双馨。——吴珏

11. 乐美家族。七班，因为热爱艺术而聚在一起，是音乐与美术的结合，所以取名为"乐美"，更希望我们七班能像个大家庭一样相爱互助、团结。——董路希

12. 阳光。因为"阳光总在风雨后"，无论在哪个阶段，我们都会有这么一个时期，但"风雨班"这个听起来比较沧桑，所以就取名"阳光"。——程惠茹

13. 超越彼岸 Beyond。我们要超越自我，找到自己，无畏失败，勇闯新世界。——魏子扬

14. 明媚班。"明媚"一词给人一种温暖和睦的感觉，我希望我们高一（七）班也能给人留下这种明媚的感觉。——单豪

15. 奋进班。只有不断拼搏和进取才可以获得成功。——李秋余

16. 活力无限班。用这个名字是因为以前三班认识的同学也有过一段沉默期，但是几个星期后，同学们个个都活力无限，男生和女生都玩得很熟。只要有人受伤了，总会有人帮忙。我觉得这种感觉很好，我也希望七班可以给我留下点回忆。——卫欢

17. 拼搏班。对待任何事情只有努力拼搏，才能有机会赢得胜利。——杨家强

当我把这17个班名亮出来后，多数同学都要求选——"终结七班"。我立即笑着反对："很不幸，我名字的读音跟这个班名实在太相似了，我可不喜欢我的名字每天到处飞。"尽管孩子们喜欢，

但我不愿意,他们也没办法,只得重选。

选来选去,我们最后敲定董路希的"乐美家族"。之所以选这个名字,是因为它有家的感觉,又契合成班之初"我们就是一家人"的心声。

班名只有一个,选中了的当然心里美滋滋的,可我也不能让没选中的垂头丧气啊。于是我笑着说:"除了班名,我们还有班训、班风、班级口号之类啊,我们可以从中寻找大家认可的词,构成我们的班训、班风等。"孩子们一听有希望,本已黯淡的神色又亮了起来。

经过一番议论,最后得出如下结论:

班训:德艺双馨,用心做人

班风:奋进敢拼、飞翔超越、阳光给力

班歌:活力无限(由文娱委员组织同学填词,找音乐老师谱曲)

班级口号:阳光不锈,青春永在

言及此,总算是把诸位"神仙"都安置好了,于是所有人又都一脸阳光期待着我说下文。我笑着说:"今天就到此打住,还有班级愿景、班级目标、班级核心价值观,那是后续工作。现在,我们要认可我们的班级,热爱我们的班级,尽快找到归宿感。我坚信,我们乐美家族一定会越来越美!我也坚信,两年后,我们乐美家族的成员个个都能抱得硕果归!"

我一直坚信,办法总比问题多!虽然我带的是艺术班,学生普遍成绩不好,但他们并不差,只要能激发他们的学习动机,帮他们找到一条正确的学习之路,这些孩子一定会"阳光不锈,青春永在"!

生命活力始自健康——给学生的14条建议

　　送走了生机盎然的春天，迎来了阳光灿然的夏天，我们的生命是不是应该活得更加旺盛昂扬呢？

　　和你们相处了近3个月，我真的很开心，也很有幸福感。我觉得，能在深圳这块陌生的土地上碰到你们，是我的幸运！

　　你们的礼貌与谦让、宽容与温和、体贴与真诚，无时无刻不在温润着我的心。在此，我要向你们表示感谢。同时，我作为乐美家族的家长，也看到了我们乐美家族成员身上普遍存在的问题，在这里，我想给大家提一些具体的建议，希望大家能变得越来越优秀，越来越幸福。当然，你可以保留你的看法。我的建议也只是供你们参考借鉴，并非强迫你们非做不可。

1.生命第一，安全第一。我们班有同学喜欢打篮球，也有同学喜欢跳街舞，这些都是非常健康的爱好，我很支持。但希望你们注意安全，保护好自己就是对自己和家人最真切的爱。还要提醒一些外宿的同学，最好不要骑摩托车。光明区的街头车辆多，交通混乱，就算你遵守交通规则，别人未必就会遵守啊。

2.不要直接对着空调吹。尤其是大汗淋漓的时候，直接对着空调吹的话，身上的湿气全被吹到肌肉和骨头里去了。这样身体就会受湿，长期如此，容易得风湿病。

3.饭后半小时之内不要运动。吃饭之后，胃里是满的，鼓胀的胃由一些经络拉着。如果这个时候进行强烈的运动，就会增加那些经络的压力，致使其下垂，长期如此容易形成胃下垂。

4.睡前四忌。一忌吃甜食，吃甜食容易发胖且伤牙。二忌多喝水，水喝得太多，不利于睡眠，养成这个习惯还容易长眼袋。三忌戴耳机睡觉，戴着耳机睡觉，伤耳朵。四忌将手机开着放枕头旁睡觉，有辐射，对大脑不好。

5.及时给家人报平安。尤其是寄宿生，到学校来读书，家人会担心，所以一周之内最少要发一次短信给家人，除了问候之外，就是报平安，让家长开心且放心。

6.记住自己父母及其他长辈的生日。回不去，给他们发条短信或者打个电话祝福一下，回家时买点小礼物哄哄父母及其他长辈开心。这是爱的秘诀之一。

7.像爱自己的家一样爱自己的教室。陪伴我们时间最长的就是教室。教室是盛放我们心灵的地方，所以大家要爱惜它，随时让它干净，让它温馨，让它没有恐惧。不论是白天上课还是晚修，都不要拖动椅子发出怪响，也不要把瓶子扔到地上，这会吓着人的。

8.接纳、尊重每个同学。不要老拿以前的同学跟现在的比。人不同了,性格不同,成长背景不同,没有可比性。我们只有接纳、认可、喜欢现在的同学和老师,才能在班级里找到归宿感。

9.男女各有韵。男生要有绅士风度,要文雅,要懂得爱护女生的自尊心。女生有干不了的体力活,男生要主动帮着干。女生要有女孩子的温柔体贴之美,要优雅,要尊重男生,要懂得维护男生的面子。

10.不做话痨。无缘无故话痨成灾,这种行为会让人讨厌的。尤其是在课堂上,叽叽喳喳说个不停,会引起老师和同学们的反感。

11.要有解决问题的意识。人活着,就是解决问题的。因此,问题出来了,不可回避,一定要想办法去解决。办法总比问题多。

12.不要为自己找借口。爱找借口的人,实际上就是懦弱的人,不敢面对自己缺点的人。一个真正强大的人,是没有任何借口的!

13.让别人等你,不如你去等别人。等待会让人焦虑,久等不至,别人对你的印象就会打折。所以,真正体谅他人的人,是不会把那份无望的等待加诸别人身上的。

14.做一个值得信赖的人。答应了别人的事,却做不到,或者是根本不做,那么这种人就会丧失信用,最后当然会面临出局的下场。

知行合一，笃学笃行

现在的孩子，你跟他说冠冕堂皇的大道理，说不定他比老师还会说。我第一次读乐美家族孩子的作文，真是把我惊傻了——几乎每个孩子都在讲道理、唱高调！可真实的情况是怎样的呢？拖拉，懒散，没劲，任性，被动，不守时，不劳动，拖欠作业，以自我为中心，怕辛苦，畏惧学习。

有一次，我调侃他们说："从小就开始说正确的废话，初一听，觉得你们个个都是素养极高的孩子，可落实到行动呢，完全是两回事！这就叫'说话的高人，行动的矮子'！"孩子们听了，没有反驳我，心照不宣地呵呵笑了起来。

其实，这是典型的"知而不行"！现在的德育工作，最大的瓶颈不是孩子不知，而是"知而不行"。也正是这个原因，现在学校的管理成本越来越高，而管理效果却越来越差，学校和学生之间的矛盾越来越尖锐，师生之间的关系也越来越疏离。

仔细观察乐美家族的成员的行为，正是严重的"知而不行"。如说到珍惜时间，大多数孩子立马就引用鲁迅的话"时间就是性命。无端的空耗别人的时间，其实是无异于谋财害命的"来说明珍惜时间的重要性。可真实的情况是什么样的呢？迟到、溜号，甚至旷课，晚修时间无所事事等现象频频发生。再如说到理想，孩子们几乎无一例外地都说自己想考大学，想过一种好的生活，可真正要他多花一点时间来学习，他就会满脑子反对。孩子们"知而不行"的事例简直是举不胜举。

既然乐美家族当前最严重的问题是知行不一，那么，努力使孩子们做到知行合一，就是我这个班主任的工作重点，也是德育的本质要求。

我是一个雷厉风行的人，发现了问题，就要立即想办法去解决问题。于是，我当即用打印机打出四个大字：知行合一。趁孩子们去上专业课时贴在教室的前墙上。

晚上，孩子们来上晚修，我笑着说："有没有发现教室里有点细微的变化？"孩子们不是傻子，见我提醒，齐刷刷看向我，自然而然也就看见了前墙上的四个字——知行合一，于是朗声念了出来。我笑着说："知行合一是谁提出来的，知道吗？"孩子们面面相觑，不敢吭声，最后，终于有一个孩子忍不住了，羞赧地说："不知道。"我笑笑，说："不知道没关系，我告诉你们就知道了。这是明朝最著名的哲学家王守仁提出来的。'知'，主要指人的道德意识和思想意念；'行'，主要指人的道德践履和实际行动。'知行合一'就是把认识和实践统一起来，才能称得上好，才能成功，否则，就只能成为空想家，或者叫痴人说梦也可以。中国有位著名的教育家叫陶行知，他的本名叫作陶文濬，就是因为他吃透了'知行合一'这个哲学命题，所以才改名'知行'，后改为'行知'。陶行知先生对中国教育所做的贡献，无疑是巨大的。为什么？四个字：知行合一！我们乐美家族的同学，有谁不知道守纪律的孩子更容易成才？又有谁不知道优秀的行为习惯会成就你一生？还有谁不知道优秀的学习习惯才是提高成绩的撒手锏？扪心自问，从小到大，你们哪一天不是被父母师长耳提面命要求做一个乖孩子？所有的道理你们都懂，不仅懂，还背得滚瓜烂熟！家长说上句，你基本上就可以接下句；老师刚开口，你就知道他后面的内容是什么。可为什么不见效呢？答案也很简单，四个字：知而不行！陶行知先生有句名言，叫作：行是知之始，知是行之成。从现在开始，我们乐美家族的核心价值观就是：知行合一！这个周末，我布置一份作业，那就是请每个同学回家上网查询'知行合一'，写出自己的感受。我更希望每个同学都能吃透'知行合一'，真正做到'知行合一'。因为只有做到了'知行合一'，你才能变得真正优秀！从现在开始，我们乐美家族的考核制度，将更加重视对'知行合一'的考核，没有行动，一切都枉然！"

至此，乐美家族的核心价值观终于产生了，那就是"知行合一"。没有孩子反对，相反，他们还表现出了极大的兴趣。

我相信，接下来的时间，只要我每天都强调"知行合一"，每一件事都与行动挂钩，孩子们的思想就能统一起来。有一天，他们会真正认同"知行合一"这个核心价值观，并且一定能做到"知行合一"。仅仅几天时间，我已经看到了进步！这件事也警醒我，少跟孩子说道理，那是正确的废话，因为他们听得太多了，早就排斥了，甚至已经产生防御机制。我现在要做的就是，从每一个细节入手，长期不懈地督促他们行动。

强化规则意识

晚修时级长召开班主任会议。会议结束，有班主任反映，说男生宿舍教官很变态，学生不听话，就要罚学生走鸭步。据说周五晚上教官和学生还发生了冲突，家长到学校不依不饶，引起了校领导的高度重视。

我承认，教官体罚学生不对，但这里的学生尚称不上弱势群体。

果然，晚修结束，级长带着几个班主任到宿舍去的时候，教官正火气冲天地说："说实话，这个工作我早就不想干了！"

教官有教官的难处，孩子有孩子的苦处，这自然是需要学校领导去疏通和平衡的。而我，当务之急就是引导我的学生学会遵守规则。

于是，看完宿舍回家后，我打开电脑，将本已设计好的班会活动放置一边，重新设计了一个班会活动——我们为什么要遵守规则？

我先让孩子们观看了几张日本人在公共场合整齐排队的图片。说实话,在感情上,我很不喜欢日本人,但是,日本人身上的优秀素质,依然值得每个中国人学习。

接着我给孩子们放了一段"不遵守规则的后果"的视频。因为是动画形式,所以孩子们看得哈哈大笑。

然后就有学生说,那是小孩子嘛,没有能力当然要遵守规则,等到自己有权了,想遵守就遵守,想不遵守就不遵守。

我"嘿嘿"笑着没反驳,说:"那我们再听一段音频。"(我心里暗自庆幸,好在我准备的材料够充分,不然就被学生吃住了。)孩子们没有异议,顷刻安静了下来。

说来也巧,这段音频是老早收藏的,没想到会派上用场。它讲述的是明朝皇帝为了巩固皇权,不顾历史规则,取消丞相制,采用内阁制。结果内阁职权渐重,其权力不仅超越之前的丞相,而且严重牵制皇权。这是典型的搬起石头砸自己的脚。

由此可知,即便身为九五之尊的皇帝,也是要遵守规则的,否则就会自找霉头。

听完这个音频,那些持有"长大当官就可以不守规则"的想法的孩子都不吭声了。

接着,我向他们出示了"规则意识"的含义:规则指的是发自内心的、以规则为自己行动准绳的意识。比如说遵守校规、遵守法律、遵守社会公德、遵守游戏规则的意识。

我又和他们讨论了一个"中学生偷车"的案例。最后得出的结论是:每个人都要有遵守规则的意愿和习惯,遵守规则是一个人的内在需要。

不过,还是有孩子为自己找借口,说外国学生就不用遵守那么多规则,还是中国的学生最苦,到处受管制。

我笑着说:"孔子曰:'从心所欲不逾矩。'言下之意就是只要你守规矩,你就可以随心所欲,自由是上帝赐给遵守规则的人的。你们觉得外国孩子不用遵守规则,那并非事实。"

现在请同学们再听一段音频:人,为什么要守规则?(略去不录)

这可是一篇言之有据、论证严密、铿锵有力的好文章啊!所有需要遵守规则的道理都讲得有板有眼,比我滔滔不绝的说教效果好多了。

听完这段音频,也快下课了。我在电子屏上打出一句话:"不遵守规则和规矩的人是废物,但是,不珍视同伴的人连废物都不如!"把它送给孩子们。

孩子们都笑了起来,估摸着他们会因我关注这句话而感到奇怪。这是日本漫画《火影忍者》里面的卡卡西的经典名言,也是高一(七)班刘颖萱的座右铭!我很欣赏这句话,也欣赏那个特别遵守规则的刘颖萱,所以,我特意把这句话作为这堂课的结束语。

关于教官和其他班级学生产生冲突的事情,我在班上只字未提。但是,我无疑是在明确地告诉每个孩子:只要你遵守规则,你就不会受到任何惩戒。

这堂课究竟能起到多大的作用呢?或许根本就没有用吧。因为作为高一学生还不懂得遵守规则,只能说明他们的脑子里根本就没有规则意识,要重新植入必然会费些时间和心力。

让人略感欣慰的是,下午,王达跟我到二楼办公室级长那里拿晚修申请表。拿到表后,他说:"上午才讲了要遵守规则,所以,我还是要来拿这张表格回家填好。"

这说明什么?说明有一颗种子已经被埋下了!教育就如同种庄稼啊,而教师,就是那个松土和播种的人。

珍惜集体荣誉感

一直以来,乐美家族都与"朗朗读书奖"擦肩而过。真的是乐美家庭的孩子们差劲吗?抑或是组织早读的老师差劲?两者都不是!

早读课上我问孩子们,为什么我们上一周的语文早读,读得很不错,却没能得到一个A呢?马上有孩子朗声回答:"因为读得不是时候!"

听到这话,我很疑惑。每次的语文早读,都是我在带读,怎么会不是时候呢?再说了,孩子们为了夺A以慰我心,读得很是卖力,连那些之前不开口的同学都开口读书了,为何小白板上总是那可怜兮兮的B呢?

于是我细问那答话的孩子,他说:"老师啊,你每次进教室最早,说不用等别人,来了多少同学就多少同学边读边等,我们还没上早修就开始读书,检查的都没到,等检查的来了，我们大多数同学都读累了，就不由得懈怠了。而其他班级，刚开始不读，等到检查的来了，才使劲读，所以，他们的声音就盖过了我们的声音，检查者自然认为别的班好过我们班。"

哦，原来这里面有这等乾坤！我们力气衰竭之时，正是别人力气旺盛之时，难怪没得比！我恍然大悟。"是啊，那些检查的也只是到窗边晃一下，听声音定等级。"有孩子补充道。

其实，对于那个所谓的"朗朗读书奖"，我真的是没什么好感。为什么呢？这个奖的标准是：一、全班开口读书；二、声音洪亮。事实上这两个标准也没什么问题。读书嘛，本来就要开口读，这样才能培养学生的语感，至于声音洪亮，也是合理的要求。问题出在哪里？主要是检查的问题。检查者只是走马观花，在各班教室外面的走廊一晃，用耳朵一听，然后就给个等级。很多时候，乐美家族的孩子读得很卖力，但检查结果就是不尽如人意。我也因此被级长含沙射影批评了好几次。级长还说，"朗朗读书奖"是要与文明班挂钩的，若不重视"朗朗读书奖"，今后评文明班也就没希望了。也就是说，得不到"朗朗读书奖"，就没希望评上文明班。说白了，我要是再对"朗朗读书奖"不感兴趣，那么，乐美家族就与文明班无缘了。评不上文明班的称号，我可以看得很淡然，但孩子们呢？他们会不会觉得乐美家族很差劲，连个文明班都评不上？本来可以轻易得到的荣誉，却没有得到，他们会不会对自己的班级丧失信心？

于是我对孩子们说："带班20年，没有我得不到的荣誉，只是，很多荣誉，我不屑于得！就如'朗朗读书奖'，我们一直没得到，同学们都很失落，有个别同学还认为是我抓得不到位，所以总是与这个奖失之交臂。不是我不想得奖，而是我觉得这个考核制度不合理，不想去争这个奖。

但是，既然大家都很想得这个奖，那我们就得调整一下读书方案。不过，我要提醒大家，一个人不管做什么，在形式上，虽然可以灵活一点，但一定要有自己固守的精神底线。庄子说的'外化而内不化'就是这个道理。从现在开始，我们的新方案将读书分三个时段。第一个时段，7点30分到7点40分，读陌生的内容，小声读，养精蓄锐；第二个时段，7点40分到7点50分，这是检查的时间，读熟悉且简短的内容，疯狂读，读给别人听；第三个时段，7点50分到7点55分，根据自己的情况自由读，读给自己听。我敢保证，只要你们按照我的这个方案去读书，'朗朗读书奖'唾手可得！不过，我要提醒大家，读书是为了自己，不是为了别人，所以，用心地读自己的书，才是正道！"

孩子们是很渴望得到"朗朗读书奖"的。因此，当他们终于听到我郑重其事地谈到读书这件事时，都有点激动，尤其是听到我的读书方案，更是喜出望外，拍手赞同。

那么，时至今日，我们的读书方案施行了一周，效果如何呢？

5个早读，4个A，一个A+。这样的结果，显而易见是从最后跑到最前去了。"朗朗读书奖"非乐美家族莫属了！

其实，看到这个结果，我真的是觉得很好笑，甚至笑到要起舞了。并非高兴，而是觉得搞笑。我还记得周四早上，也就是得到A+的早上，我正在认真地听孩子们读第二个时段的内容（我担心他们读错，所以要仔细聆听，以便为他们正音）。突然，靠窗的尔群和肖琛声音异常洪亮，紧跟着，其他孩子也豪情似火地吼读了起来。我扭头一看，几个检查的学生在窗外逡巡。哦，明白了，他们突然提高分贝，原来是为了应付外面几个检查的同学啊！

当然，我还是很欣慰的。从这件事可以看出，这个班的孩子们有着很强的集体荣誉感，并且能够积极地参与维护集体荣誉的行动。所以，对于班主任来说，不能因为个人的一些想法就忽视了学生的内心感受，培养和维护学生的集体荣誉感不仅能极大增强班级凝聚力，而且在推动学习、改善习惯方面也有很好的效果。

失败之后如何寻找出路?

这件事本来应该早些写出来，但我实在沉浸于激动的情绪中不能自拔，再加上我也想看看孩子们之后的反应，所以迟迟未敲击键盘，这绝不是为我的懒散找借口。

这究竟是一件什么事呢，竟然让我激动得难以自拔，甚至还期待着余波不断？

如果要把这件事完整地叙述出来，还得痛苦地回顾一下我们的跳绳比赛。

说起跳绳比赛，乐美家族的每个孩子都很囧。因为精心准备了一个月，大家感觉都不错，甚至比赛前10分钟，大家还信心满满地说要拿第一。结果，临到比赛的时候，主观的，客观的，各种原因凑合在一起，竟然出乎我们所有人的意料，拿了个倒数第一！

我心里倒是平静无波，但孩子们郁闷了，他们很不服气。尤其是景瑞，几乎是哽咽着说:"我很难过,我也想不通,以前五班那么差,为什么他们就超过我们了。"还有团支书尔群找到我,说:"问题不在大家,而是在班长,班长太缺乏号召力了,人家五班的班长,登高一呼,全班响应。"尔群的话不无道理,在组织活动方面,乐美家族的班长的确不如五班班长能力强,但我们的班长厚实内敛,做事稳当,有大家风范,从长远来看,乐美家族的班长应该比五班班长潜力大。尔群走后,班长也来找我了,他说想在班上开个会,好好分析一下跳绳失败的原因,同时也检讨一下自己。我一听顿时感到宽慰,思忖道:跳绳比赛虽然落败了,但如果能因此让班长成长,让班上的孩子更加团结,这何尝不是一件幸事!于是我欣然答应班长的请求。为避免班长难堪,我特意说道:"我先在班上简单说几句,然后退出教室,把班级给你,你想怎么说就怎么说。"

班长是怎么说的?我遵守诺言从教室退回办公室,所以没听清。只是隐隐听到教室里时高时低的声音,好像有质疑,也有不满,还有建议。

事后,班委团队的核心成员来找我,说班级凝聚力确实还有待提高,并且有个别干部不能以身作则,所以要撤换几个干部。

我笑笑,说:"正合我意,那你们说说,哪些同学可以起用?"

几个孩子相视一笑,说:"景瑞做事虽然热心,但他的自控能力不强,并且随意性比较大,让他做纪律委员并不合适。""那么谁比较合适呢?"我继续笑着问(其实我心中有非常合适的人选,只是我想引导孩子们说出来)。"肖琛很适合做纪律委员,他的自控能力比较强,口碑好,性格又刚毅,有执行力。"孩子们说。我故意一击掌,似茅塞顿开说道:"是啊,现成的一个纪律委员,我们即刻起用！"有孩子担心地问："如果他不愿意呢？""没事，肖琛任职前的思想工作我来做，做通了，立即宣布就任。"我把握十足地说道。"那么，谁的工作岗位需要调整呢？"我不紧不慢地问道。班长说："我们想让仇云来做文娱委员，让小沛去协助依依做宣传。"班长的建议是正确的，仇云本身是音乐生，并且性格外向，又有一定的组织能力，文娱委员一职给她，确实是很合适。而小沛呢，是美术生，擅长图文编写，但口才欠佳，唱歌更是外行，让她做文娱委员，实在是用错人了。心念流转之间，我抬头打量着小沛，用眼神询问："可以吗？"小沛羞涩一笑，点点头。一旁的宣传委员依依会心一笑，伸手挽住小沛。

两个姑娘含蓄但不乏宽让的笑意让大家轻松起来，因跳绳比赛失败而积淀的满脸寒霜终于拂面而去。小玉轻快地说道："老师，我们这次调整班委干部是有目的的，我们想利用才艺广场搞一次活动，让大家团结起来。"我立即赞同道："班级活动本来就可以增强班级凝聚力，我们是一个重组班级，凝聚力确实还不够，有这样的机会我们当然要抓住。"孩子们见我毫不犹豫地就答应了，当即兴奋起来，于是议论的热点马上转移到"才艺广场"上。

那么"才艺广场"究竟是怎么回事呢？

我是新来的老师，对此茫然不知。据孩子们说，就是学校提供舞台，提供音响设备，让各班去展示各自的风采。这显然是一个极好的展示平台，我为什么不抓住这个机会让孩子们去秀一秀他们的风采，去演绎一下他们激情燃烧的青春呢？这样的活动既满足了孩子们的心理需求，也能提高他们的自信，更重要的是还能增强班级凝聚力，对班级的发展大有好处！

和班委干部稍加商议后，我甚至比孩子们还急不可耐，说：

"咱们回班,把这个消息告诉大家,听听大家的意见。"孩子们响应,于是簇拥着我回到了教室。

当我把这个消息告诉大家的时候,教室里的孩子也立即兴奋起来了,热议纷纷。议论一阵子之后,大家达成了如下共识:

才艺广场时间定在第十五周下午第八节课后。

班歌暂定《相亲相爱》,平时全班同学都要学唱,到时全班同学到舞台献唱。

一切外务以及接洽均由依依和小沛两位宣传委员负责。

班徽设计以及班服的制作由李子安负责。

班徽的制作则由尤杉负责。

节目主持人由景瑞和娜娜担任。

最后,我深情而真诚地说道:"同学们,跳绳比赛我们是年级倒数第一,说句心里话,我当时心里也不好受。我难受不是因为倒数第一,而是因为我热爱这个班,我无时无刻不希望我们班是一个优秀的班级,是一个进步的班级,是一个团结和谐的班级。这次比赛失利,除了我们事先没有预料到的客观因素之外,主要还是因为个别同学平时疏于练习,比赛时一紧张就踩绳,导致平时的精彩表现无法呈现。在这里,我无意指责某些同学,我相信他们心里也很难过。难过表明你还在乎乐美家族,你的心还在乐美家族,那么我们就有机会重新开始。这次才艺广场活动,我很重视,但我也要告诉大家,舞台是你们的,我只是一个服务者,我可以为你们提供各种帮助,但事情得你们自己做。失败不要紧,要紧的是我们要从失败中寻找出路!现在是第十二周,距我们定的才艺活动时间还有两周多,我希望这两周多的时间,大家都把自己的生命变成奔跑的姿态!一句话:乐美家族要崛起!一定要成为优秀的班级,这是我们每个人的责任！也是我们乐美家族的归宿！"

　　孩子们没有说话，静默地望着我。我知道，他们郁闷失落的心又被我激活了。曾经有人说我的性格很强悍，所以总是能充满激情地去激励自己的学生。其实，我的性格很温和，只是我不消极、不绝望，即便是黑暗沉沉，我也坚信某处一定有光芒闪烁。所以，跟过我的学生，他们都说最大的收获就是对这个世界没有绝望。因为，我总是用我自己的行动告诉他们，在失败中寻找出路。

要梦想，更要信念

才艺广场活动定下来之后，孩子们开始着手准备。首先，是练唱班歌《相亲相爱》。由仇云负责组织大家练唱。我只是帮他们下载了歌词并委托书记员易思到复印室印好，人手一份。

其次，是李子安设计班徽。我只是给了个建议，说一定要把乐美家族的核心价值观融进去。所以李子安在设计班徽的时候，既考虑了音乐和美术的元素，又把"知行合一"四个字放进了班徽图案里。

还有班服，由于时间紧迫，先说在网上购买。但大家看了样品之后都不满意，于是李子安勇挑重担，利用自己的人脉联系到一个服装商。联系好服装商之后，李子安又和大家一起设计了胸前图案，这个图案也糅合了音乐和美术的元素，背后则是一个用美术体大写的"柒"字。这件事我只协助李子安统一了班服的颜色：男生统一着黑色，女生统一着红色，当然，我也有一件红色的。至于核实尺寸、收费、联系服装商、分发服装，统统是李子安与他的同学完成的。

还有班上的节目，谁表演，表演什么，我都不是很清楚。不是我想当甩手掌柜，其实我也挺心虚的。但我一定要装着若无其事，装着对他们的能力信任到极点的样子。我时常对他们说："歌，我不会唱，图，我不会画，我就会写几个字，但这有什么要紧呢？一群高徒在此，需要我操心吗？所以这次的才艺广场活动，我坚信大家一定会给我惊喜的。"孩子就是这样，你给他阳光，他就会灿烂。所以，我这一吹捧，他们就来劲了，打着包票说："老师放心，一定不会让你失望的！"为了这个"不失望"的承诺，两周多的准备时间里，他们真的很卖力，不仅排练节目很卖力，而且晨读也很认真，所以，次次晨读都得A。清洁卫生做得也很到位，尤其是卫生委员田伟，应该是我带班二十年来见过的最优秀的卫生委员，我时常有想要拥抱他的冲动，那当然是一个母亲想要拥抱儿子的那种冲动。还有各项量化考核，几乎都没出现扣分的情况。总之，乐美家族朝气蓬勃。

课余的排练，他们有时在架空层的舞台上，有时在音乐室，但我从没去看过。不是我不愿意看，其实我心里也痒痒的，悄声说我对他们还是有点信心不足，但我不能打破这份信任。因为信任是教育成功的前提，师生之间必须要有信任，才能彼此接纳，也才能彼此影响。所以，我按捺住自己，不让自己流露出半点疑虑的神情。

但是，我不去看，又没有言语表达，孩子们会不会认为我不重视呢？如果班主任都不重视这次活动，那他们做起来还有什么劲呢？他们的努力，除了要展示自己，要吸引其他同龄孩子的注意，难道就没有一点想要做给我看的动机？那肯定是有的，我可以百分之百确信，只要我对他们一票否决，他们马上就会泄气。于是，我每天都会询问他们："排练得怎么样了？会不会给我惊喜？"孩子们就会得意地说："老师放心，肯定会的。"有时，我走到架空层，孩子们正在排练，我会故意蒙着眼睛，说："我不看，我想等到最后揭秘，然后来个大惊喜。"孩子们就会很得意地说："老师，肯定会给你惊喜的。"我假装不信，说："会不会惊喜变惊吓呢？"孩子们马上就会说："那我们要加强保密，到时让你惊喜到恐惧的程度。"

之后，孩子们排练的时候就很谨慎，不要说盼我去看，甚至看到我的身影，他们都会躲躲闪闪的，因为他们想对我保密，要让我惊喜到恐惧。我呢，也故意装着对他们的排练非常好奇的样子。越是这样，孩子们排练就越发努力和保密。

周四下午第八节走场，本来我想去看看的，结果学校开会。我无奈地说："这次才艺广场活动，除了设计请柬，我啥事都没做，本想看看你们彩排走场，可我们又要开会。"孩子们赶紧说："你放心地去开会吧，我们自己做得好，明天下午你就等着我们送你大惊喜吧。"

周五下午第八节，我还没来得及到教室吆喝，孩子们已经下楼摆放凳子，组织队伍入场了。需要一提的是，韩正章没有下楼。因为他是负责本周教室卫生的组长，他正拿着扫帚打扫教室，于是我也留下，与韩正章一起把教室打扫干净再下楼。

下到架空层一看，观众已经爆满，主持人也已经就位，孩子们身着黑红相映的班服等候在舞台下面，气氛非常热烈。

先说说我自己吧。我也穿着红色的班服，下身着一条齐膝短裤，干练简洁、神采奕奕。孩子们其实想"为难"我，因为他们希望舞台的一角有我。我不会唱歌，也不会跳舞，在这个场合说故事也不妥当，怎么办呢？正好班上有三个孩子本月过生日，我为三个孩子买了小礼物，我要在这个场合为三个孩子过生日，给他们留下永生的纪念。俞敏洪说："如果我们的生命不为自己留下一些让自己热泪盈眶的日子，你的生命就是白过的。"当孩子还不知道为自己留下热泪盈眶的日子时，我为什么不帮他们留下这样的日子呢？

所以，当主持人对着全场观众说"现在，请乐美家族的家长，也就是班主任钟杰老师为大家讲话"时，我笑盈盈地接过话筒，说："我首先要说的是，我来深圳三个月，我真正要感谢的人是乐美家族的51个孩子，是他们让我找到了家的感觉，是他们满足了我这颗作为母亲的心……"说到这里，我已经哽咽，眼泪也涌出了眼眶，我转过身对着舞台上列队而站（他们已经在主持人的安排下站好队，准备唱班歌）的孩子们深深地鞠了一躬。没想到，全场响起了雷鸣般的掌声，孩子们的情绪也受到了感染，我看到离我最近的仇云眼眶里也泪雾霭霭。待情绪稍微稳定，我又说："乐美家族有三个同学正好是5月份的生日，今天，我为他们各准备了一份小礼物，我想请大家为他们唱生日祝福歌，好吗？台下的同学和老师也一起唱，好吗？"台上台下纷纷响应，于是仇云起头，全场唱起了生日祝福歌，我则在这温馨的歌声中将我事先准备的小礼物当场送给了三位过生日的同学。三个孩子双手接过礼物，激动得又是鞠躬又是连声道谢。我想，这种场面，应该是他们人生中的第一次。这个第一次，将会像烙印一样刻在他们的心里，永生难忘！教育者有义务在孩子的心灵种下永生难忘的记忆！

之后，孩子们齐唱《相亲相爱》，虽然这首班歌不是原创，难免遗憾，但当孩子们认真深情地唱响这首歌时，本已退到舞台一侧为他们拍照的我，再一次被感动了，眼泪禁不住涌出来，我怕眼泪流到嘴巴里，悄悄地将食指伸进眼镜镜片底下擦拭。这样一个细微的动作，也被孩子们捕捉到了。事后他们说，我在一旁掉眼泪，他们的鼻子也发酸，眼睛里也涌出泪水。

再来说说孩子们表演的节目吧。他们真的是如愿以偿，因为我的确被他们的精彩表演震撼了，不仅惊喜，而且惊喜得近乎惊恐。

节目不多，但质量很高。有充满动感的街舞，有歌舞结合的音乐剧，有吉他弹唱，有魔术表演，有杂技表演。尤其是乔立的杂耍，让我几乎笑翻。首先看他的着装，不知他在哪里搞到一件花衣服，套在黑色的班服外面，头上还歪戴一顶草帽，下身则穿一条及膝短裤，那模样十足一个舞台小丑。他玩的是溜溜球。如果仅仅是把溜溜球玩转也不算出色，关键是乔立在玩溜溜球的时候，嘴巴上的动作特别多，嘴唇的扭动配上他玩溜溜球的动作，异常搞笑，所以台下笑声不绝。还有尤杉的飞车表演，真是令人惊恐。我事先不知道他要做这么高难度的表演，要是知道了，只怕出于安全因素我也得制止他。他的飞车表演究竟有多吓人呢？他先在舞台上骑车旋转，紧接着从舞台上直接飞到台下，再围着台下的观众骑一圈，然后又从舞台下利用台阶飞到舞台上。如果说从台上飞到台下不容易，那么从台下飞到台上就更是难上加难了，但他竟然轻松地飞越台阶上了舞台。这个节目轰动全场，尤杉成了才艺广场的动作明星。

整个节目表演是40分钟。就这40分钟，我相信，乐美家族的每个孩子都很震撼，我也相信，经历了这次活动，乐美家族的孩子将会更加热爱自己的班级。我无比坚定地相信，乐美家族的孩子，将是我的骄傲！苏霍姆林斯基说，要相信每一个孩子。他写过一本书，叫作《要相信孩子》，用以提醒每个老师都要相信自己的学生。是的，教师对孩子的信任，就是孩子前进的最大动力！我以为，教师不仅要相信孩子，还应该创造各种机会，让孩子相信自己！因为一个连自己都不相信的孩子，是不可能让自己的生命奔跑起来的。

第三章
注重细节，班级管理要从小事做起

反思是改变的第一步

乐美家族的建设遇到了很多阻碍。

第一是早上的读书,一直都是年级倒数第一。其实年级对读书的要求很简单,只要全班开口,声音洪亮,就可以得A等。但是,乐美家族的一些孩子,总是开不了口,另一些孩子即便开了口,声音也很小。用某些老师的说法,你要不读,行,扣你分!再不读,扣更多的分!直到把你扣得不得不读!但是,我没这样做。因为我觉得读书应该是孩子们发自内心的要求,读书的声音应该是孩子们心中奏出的最美妙的声音才对。如果只是被老师和家长逼迫着学习,他们又怎能实现学业上的长足进步呢?

第二是学习风气很差,很多孩子不交作业。课代表三催四请,老师反复交代,可是,不交作业的仍大有人在。每次开会,都是我最痛苦的时候，因为级长会给出许多整治那些不交作业的学生的办法，但我都不愿意采用。我始终认为，逼迫孩子学习是没有效果的，只有孩子自己心里想要学习，才会主动，也才会有效果。我不知道乐美家族的孩子什么时候才能有自主学习的愿望。他们已经是高中生了，懂得学习的重要性，可悲的是，他们知而不行！

第三，量化考核总是扣分。其实，扣的都是没有任何含金量的分数，比如，头发扎得过低，趴在桌子上小憩，未穿校服，未带校牌，窗台有尘，迟到，等等。这些都是不需要经过努力就能遵守的规范，可他们总是做不到。我每次上楼，满怀希冀地看向小白板时，得到的却只有失望。因为总有个别同学不守规矩连累班级扣分。其实，我的心态是很平和的，面对如此精细化的考核标准，学生很难不被扣分。我能包容他们在行为上的些许瑕疵，但不会纵容他们在习惯与品性上自我放纵。

第四，拖拉懒散，缺乏时间观念。晚上7点上晚修，一部分同学总是要等到7点整，或者过一两分钟才进教室。看到他们这样不爱惜时间，我真的很痛心。我三令五申要珍惜时间，他们只会觉得我啰唆，觉得我在讲大道理。可是，他们就没问题了吗？明明说好晚上提前10分钟进教室，他们做到了吗？如果他们能"言必信，行必果"，还要我去啰唆吗？说句窝心的话，或者说是乐美家族孩子们最不爱听的话，我本身是个惜话如金的人（在办公室，我特别不喜欢与同事高谈阔论；回到家里，我和我的家人各自看书互不干扰），可为什么我进了乐美家族的教室就变得啰唆了呢？或许，我们都要反思才行。

第五，没有责任感。对于清洁卫生，更是如此。我不仅分了组，还把任务分到了每个人，可是那些承担着劳动任务的同学，真的有做好自己的本分吗？我观察了，多数学生是做不到的，比起从自身找问题，他们更习惯于推脱责任。如果乐美家族的同学不从自身做起，而是把希望寄托在老师或者是其他同学身上，那么乐美家族不可能走向优秀！

第六，没有凝聚力。很多同学都谈到这一点，班上比较散，不太团结。一个不团结的班级，当然没有发展力。那要如何才能团结起来呢？首要的一条就是，每个同学都要热爱自己的班级才行！都说不团结，问题是：你为班级做了什么？比如跳绳，明明说了要比赛，这就是为班级争光的事，就是形成凝聚力的事，可是我们有一些同学，总是千方百计地躲避，请问这些躲避的同学，你都不为班级做事，其他同学看着也寒心，班级又怎么团结得起来呢？所以说，班级要团结，不是老师一个人能撑得起的事，而是每一个人都要认可我们的乐美家族，接纳并喜欢我们的乐美家族，然后用心为乐美家族做力所能及的事，慢慢地，班级就团结起来了。光是站在那里说班级不团结，可又不做事，班级怎么团结得起来呢？

第七，不懂得反思自己。这话怎么说呢？比如好多孩子都埋怨，学习风气不浓，作业太少，同学既不及时交作业，老师也不及时评讲。他们忘记了，每门学科的周课时才多少啊。自己课下不愿意挤时间来做作业，轮到老师要评讲了，作业还没做，有时只得留在课堂上来做。他们不知道，现在很多高中老师一般都不会面面俱到地评讲作业。老师只是布置作业，然后将答案贴在墙壁上，让学生自己去对照。有时学生动作慢了，上一科的作业答案还没校正，下一科的作业答案就覆盖上去了。同样是学生，地域不同，学习的态度和效率就不同，当然，老师的成就感就完全不同了。身为学生，合理规划学习乃分内之事，遇到困难便推卸责任，不思进取，今后又如何能立足于社会？

第八，科代表的作用没有发挥出来。其实，一门学科的作业交得怎么样，跟科代表的执行力是有很大关系的。我常常听到科代表叫喊"交作业啦！"本来就是一群惯于偷懒的孩子，这种收作业法，只会收到几本自觉性比较强的同学的作业，其他的，则缓交或者是不交了。我以为，科代表收作业，那真的是要主动出击——拿着名单逐个收取！不交，就记下来，该扣分就扣分！该上报就上报，不给这些懒惰分子留有余地。我相信，在这种逼迫之下，效果会有所改善，不过，我总是觉得悲哀，明明是他们自己的事，却要科代表做到这个份上！这样的学生，就算今后考上大学进入社会，又有什么出息呢？一个学习被动，做作业被动的孩子，做其他事情必然也是被动的！

我希望把乐美家族带到光明的地方，我自信具备把一个班级建设成优秀班集体的专业水平。但是，对于目前的乐美家族，我很忧虑！因为，乐美家族想要变得优秀，几乎每个同学都要改变他们以前的价值观，重构可持续发展的价值观。可悲哀的是，当我给他们讲真正有用的教育理念时，他们竟然觉得我在讲废话，或者说我在讲很遥远的事情。对此，我真的有些无话可说。

不过，不管孩子们目前怎么想，学校领导怎么看，我都要坚持我的做法。因为，我教过的学生用事实一次又一次地验证了我的做法是对的。我的学生进入社会后，没有不感激我的。因为，他们在进入社会后，发现我教给他们的东西，经得起各行各业的考验！

主动整理课桌有多重要？

我喜欢早早进到教室，面带微笑地迎接孩子们的到来。那感觉，就好比看着自己的孩子沐浴着灿烂的朝霞，干净、阳光、无邪地朝自己走来，心中的幸福早已在春风里盛开成一朵花了。

今天早上，我照例去教室很早，当仁不让是第一个。我之所以早去，原因不仅仅是想迎接朝霞般的孩子，更重要的是想进教室看看孩子们的课桌整理得如何。因为我昨天上午就诚恳地告知他们，要整理好自己的课桌，尤其是女生，希望她们能整理出一些样本以便作为全班同学课桌整理的标准。之后，我到市里听课，回来很晚了，没来得及去看他们整理的课桌。

可是，待我在教室里走了一圈之后，我失望了。他们根本就没把我的话放心上！课桌上下，椅子前后，仍然是凌乱不堪！我不禁重重地叹了口气，就看目前这样的教室氛围，想要把乐美家族带成优秀班级，只怕是"水中捞月，雾里看花"了。心念转动之际，我下定决心：从现在开始，整顿乐美家族的班风！而整顿的第一把火，就要烧向每个孩子的课桌！不管他们高兴与否，我都要烧个一干二净！手随心动，我挨个检查，凡是桌上凌乱不堪或被全面覆盖的，我都毫不客气地将其书本丢放在地板上！既然他们都不讲究，我为什么要替他们讲究呢？我替得了一辈子吗？一个人如果在18岁以前没有完成自我塑造，他的一生基本上就完了。所以，我必须狠下心，即便得罪孩子们，我也要迫使他们养成良好的学习习惯，而收拾课桌，不过是众多良好的学习习惯中的一种。

事情果然如我想的那般发展。孩子们进教室看见自己的书本突兀地躺在教室的地板上，惊诧之余，也没多问。因为他们看见我余怒未消地站在讲台上，以他们察言观色的本领，早已洞明一切。于是，各自阴着一张脸，悄悄地将地上的书本拾起来进行整理。

整整一天，很多孩子的脸色都处于非正常状态。我没理睬，做自己该做的事。因为，我做这一切不是无理取闹，也不是情绪不佳，更不是心血来潮，而是有理可依、有据可证，并且是为孩子今后的人生做铺垫。所以，我心安理得，我内心平和，我甚至还有一丝高兴，为自己的责任感和使命感以及对教育的远见而高兴！

著名教育家叶圣陶先生曾说过："什么是教育？往简单方面讲，只需一句话，教育就是培养各种良好习惯。"习惯一旦养成，不论好坏，没有十倍百倍的力量，是很难改变的。由此可见，我如果对孩子们的不良习惯熟视无睹或者无端让步，那么对孩子们来说，将会受害终身！

乐美家族的孩子，要说品行，还真没坏孩子。但是，他们身上存在不少恶习却是不争的事实。这也正是造成他们学业落后的主要原因。

先不说诸如懒惰、拖拉、迟到、做事被动等恶习，就回头说课桌整理这件小事，就足以看出这群孩子是多么随意。

曾经听到这样一句话：不理床政的人，必然不理朝政。这话似乎有点离谱，但"不理课桌的人，必然不事学习"，却并非陈词滥调。带班二十年来，有大量的足以采信的证据证明它的准确性！

早在乐美家族成立之初，我就不断提醒大家收拾好自己的课桌，还制定整理的标准，可真实的情况是怎样的？大部分孩子是左耳进右耳出。超高堆放的仍然在超高；乱七八糟的依旧是乱七八糟；书包放在桌上的，劝他拿下，过两天又上桌了；小小的桌面上，想要把两只手平平整整地放上去都困难，可上面尽是些横七竖八的书和纸笔；还有一些女孩子更过分，桌上废纸、零食袋就不说了，偏偏还放有镜子、盒子、皮筋、梳子等，这哪里是课桌，这简直就是个梳妆台嘛！

一个优秀的班级，不论何时走进去，教室里都应该是干净、整洁的。可是，乐美家族，就算是做完清洁再走进去，所见除了地板是干净的之外，其他都凌乱不堪！为什么？其一，桌椅散乱，前凸后凹；其二，课桌上的书本资料高低错落随意堆放；其三，画纸画板任意搁放没个规整。这样的学习场所，置身其中的人还想学习吗？孩子们的学业为什么会落后？归根究底，一个重要原因就是将学习场所变成生活场所！

既然如此，我为何不一开始就狠抓教室风貌呢？难道我不懂得营造学习环境是何等重要，不明白培养孩子优秀的学习习惯有多么重要，不清楚这些孩子每天含辛茹苦地坐在教室里学习是为了什么吗？这些，我都知道！不仅知道，而且深刻地了解，深切地同情！我之所以没有强迫孩子们按我的标准去做，只是因为尊重。我希望他们能明白：一个活得自主、自立、自尊、自爱的人才有真正的尊严！我希望他们在聆听了我的提醒和解释之后，能够自觉主动地把课桌收拾好，因为，我把他们当作有自主意识的人来对待！对待有自主意识的人，只需要尊重和理解，不需要蛮横用强。

可是，我失望了！乐美家族的孩子没有自主意识。也就是说，他们的思想和灵魂还没有觉醒。

我不仅失望，还有点惊骇了！这就是深圳市的孩子吗？他们处在经济特区，中国经济发展的前沿阵地。他们不差钱，他们的父母大都是见过世面的人，他们接受的学校教育比起云、贵、川那些山区学校强几十乃至几百倍！可是他们，仍然需要被人逼着学。

缺乏自主意识的学生究竟是什么样子呢？不妨听我描述一番：跟他商量，他当听不见；跟他好好说话，他左耳进右耳出；跟他讲道理，他不屑一顾；跟他说理想，他一脸茫然；跟他说人生的格局，他眼里只有钱……跟他火冒三丈，他心里不满，但也屈服了。如果再拿告知家长、上报学校、清退处理等威胁他，他立马投降示弱，老实巴交装可怜。

马斯洛说："心若改变，你的态度跟着改变；态度改变，你的习惯跟着改变；习惯改变，你的性格跟着改变；性格改变，你的命运跟着改变。"这么说来，乐美家族的孩子明知"不整理课桌"是坏习惯，可他们偏偏就和"坏习惯"打成一片，原因在哪里？追根溯源，还是他们的心未改变，他们原本晶莹剔透的心已经被尘垢遮住了。那么，我该如何去帮助乐美家族的孩子改变他们那被尘垢覆盖的心呢？现在要紧的还是先扫尘，以后慢慢寻找打磨的机会。

擦黑板也有大追求

带班多年，我始终保留着一个习惯，那就是值周由全班人轮着来，不管男女，人人都得做。除了值日生的常规工作外，我还有一个非常精细的要求，那就是要求值日生每节课间，都要将黑板和讲台收拾得一尘不染。

这看上去虽是一个很简单的活，但真要做好却不容易。尤其是新带的班，对于我的精细要求，孩子们总是做得不尽如我意。我也不恼，耐心地指点他们。一般来讲，三四周之后，效果就出来了，这种班级习惯会一直延续到孩子们毕业。

乐美家族的孩子开始也不接受我这个要求，认为我太苛刻了。我没吱声，每天任劳任怨地把毛巾洗得干干净净，再把黑板、讲台收拾得一尘不染。看我亲自动手，当周值日生也不好意思了，跟着我做。只是他们做得很粗糙。对此我也不责怪，但凡看到不满意的地方，我都一声不吭地擦拭了，然后把毛巾洗净拧干。

这种状况持续了五周，第六周发生了大的变化——我没动一次手，但每节课间，黑板和讲台都被收拾得一尘不染。那么这个变化究竟是谁带来的呢？在这里，我要带着恭敬的心情写出这个孩子的名字——阿玫！

阿玫是一个沉默内敛的女孩。额头上的刘海始终朝右侧一丝不苟地梳成月牙状，然后用夹子夹着。虽然肤色黝黑，但她的气韵，以及月牙状的刘海，呈现出一份古典美。就是这样一个女孩，一丝不苟地做了一个后来者无法替代的榜样。

自那以后，教室里的黑板以及讲台，就不是我操心的地盘了。因为我反复力赞阿玫的认真，使得其他孩子再也不敢怠慢。

金枝接手时，黑板和讲台的清洁简直做到了极致。我常常情不自禁地赞道："天啊，我都不忍心写字了，我害怕弄脏这纤尘不染的地方。"我甚至还夸赞道："什么是人格魅力？金枝那种把简单的事情做到极致的行为就是人格魅力！"我的话音一落，孩子们就送给金枝一阵热烈的掌声，自此，胆小内秀的金枝自信了很多。

之后，孩子们更加不敢怠慢，每天都积极主动地把黑板和讲台收拾得干干净净。如今，将黑板和讲台收拾得一尘不染已经成为乐美家族的班级习惯了。

这周是喻梅当值，放低要求来看，她做得也不错，但喻梅做事相对拖拉，不如前面那些值日生主动，所以我总想找个机会刺激她一下。可找了好几天，都没找着。因为拖拉之外她也是认真对待了的。

为了到红岭中学听李镇西老师做报告，我把上午的课换到下午第一节。听完报告，归家时已临近下午一点，我索性不午睡了。在家里晃悠一阵,我提前半个小时去办公室拿教本和教案。走进教室时,班里已经来了几个走读生,我一边和他们闲聊,一边打量教室的前后左右。后面的黑板报即将完工,地面无纸屑杂尘,垃圾桶里垃圾见底,只有前面的黑板没有擦洗。这么说来,我离开半天,常规工作都稳步展开,唯有喻梅做得不尽如人意。

这不是我一直在寻找的契机吗?我心中豁然,二话不说,赶紧从讲台上拿起毛巾就开始擦拭黑板和讲台,擦拭完毕,又去洗手台将毛巾洗净,再擦拭,如此反复,黑板和讲台总算干净了,只是比起金枝做的差远了。当然,这也是我故意制造的差距。

等孩子们都到了教室,我示意他们看黑板,说:"对比一下,我擦的黑板有金枝擦的干净吗?"孩子们马上撇嘴摇头,说:"没有。"我笑着说:"没错,我都做不过金枝,所以,我没有资格去批评不按时擦洗黑板的同学。"孩子们呵呵笑着,有意无意地瞅向喻梅。我悄悄斜睨,喻梅红着脸,一声不吭。我想,对喻梅的引导,这样的言语表达足够了。于是话题转入了课堂。

第一节下课,我也不提醒喻梅,等孩子们做完眼操我就回了办公室。等到第二节的上课铃声敲响之后,我走到教室的后门悄悄张望,黑板已经是一尘不染了。我心中欣慰,蹑脚退回办公室。之后的课间我多次观察,喻梅总能及时把黑板擦洗得干干净净。

这是一件小得不能再小的事情,完全可以忽略,但我不愿忽略。孩子们不良习惯的养成,就是因为初期没有得到及时的提醒与矫正,才越积越多,以致积习难改。作为班主任,除了要"会当凌绝顶",也要"低处舞枪棒"。既要精神引领,也要于细节处深究。我们在做种种提醒的同时,也一定要向学生传输我们的真诚和善意,告诉他们,我们只是希望他们做得更好,希望他们更完美。

当规矩成为习惯时

上午第一节课,我说:"先读读我昨晚写的文章吧,这本来是我的日记,不轻易示人的。不过,事关乐美家族,我觉得还是有必要读给大家听听。因为我不喜欢云山雾罩故作神秘,我喜欢坦诚相见。"孩子们听说要读一篇关于乐美家族的文章,自然就来了兴趣,个个翘首以待。

文章读完,很多孩子满脸赧颜,有的羞愧地吐着舌头,之前嬉皮笑脸的孩子也赶紧调整了自己的表情。看着讲台下面神态各异的面容,我不禁咧嘴一笑。孩子们简直是察言观色的高手,看我脸上有了笑意,他们的脸上也紧跟着爬满笑容。这浅浅的一笑,立即令师生之间的隔阂冰释。

短暂沉默之后,我说:"一个优秀的班级,首先要有外在形象。这就好比一个人,如果你不修边幅，外在形象很差，别说要人家彻底地读懂你，就是连走近你的欲望都没有，怎么可能深刻地了解你呢？就算你的内心辽阔如大海，人家根本就不面朝大海，怎么知道你心胸宽广呢？所以，乐美家族要想成为优秀的班级，首先要做的就是外塑形象！怎么塑造？第一是教室环境，随时都要保持干净整洁！而课桌的整理收纳，将是一项需要坚持不懈的长期工作。我随时都要检查，或者是抽查，我还会拍照做成课件，要么在班会课上放给你们看，要么在家长会上放给家长看。做得好不好，就看你们自己了。其次是晚修纪律。一个班级，晚修时间乱糟糟的，无论你自我感觉多么良好，都不能说是一个优秀的班级，而且长此以往，班级的学风也会越来越差。所以，从现在开始，我要整顿晚修纪律。"

当天晚上，我提前20分钟进入办公室。距离上晚修的时间还有15分钟，我就进了教室，然后陆陆续续有孩子进来了。6点50分，来了12个孩子。我赶紧把这12个孩子记下来，笑着说："你们12个，记住了我周一说的话，提前10分钟进教室，很好啊，这就叫守约。我会在网络班级送每人一颗小星星的，这的确不实惠，但这是我对你们守约和守时精神的嘉奖！"按时到来的12个孩子顿时欢呼起来，眉飞色舞一脸得意。

7点，参加晚修的孩子都来了。我笑着说："想请你们帮我个忙，有位教育专家想要做一个调查，就是写下你最讨厌听到的父母对你说的十句话。"我的话还没说完，马上就有孩子说："岂止10句，讨厌的多得很。"我呵呵笑着，说："说不定他们也很讨厌你们说的话呢。咱们都安静下来，客观、理性地思考，把你自己平时跟父母接触时听到的话，按讨厌的程度由重到轻写下来，不用签名。"我的话声一落，孩子们就埋头奋笔疾书了。估计是他们平时听了太多父母的唠叨，好不容易找到了一个允许他们控诉的机会，所以赶紧逮着机会大书特书一番。

调查完毕，我说："早上，你们也听了我昨晚写的文章，也明白咱们的问题出在哪里。如果我们还视而不见的话，我们的班级就很难成为优秀的班级。一个生活在烂班的学生，是没有成就感和归属感的，所以，我们从现在就要开始改变心态——优秀的行为不算优秀，优秀的行为习惯才是真正的优秀！请大家看看这句话，正好今天贴出来了，这就是我们的班级标语！我们要把优秀的行为当作我们的习惯！从今天开始，乐美家族的晚修，必须做到以下几点：一、自修时间要坐在自己的座位上，不换位、不离位；二、悄无声息地做自己的事，闲话放在课间讲；三、认真有序地完成自己的作业，不看与学习无关的书，尤其是《故事会》、漫画等；四、保持良好的精神状态，不趴态睡觉。"

别看这些都是简单的要求，但这里的孩子还真做不到。因为他们随意散漫惯了，突然要遵守这么多规矩实在是有点痛苦。但鉴于我和他们的关系越来越融洽，我的教育理念他们也逐渐接受，再加上我上周末回成都，给每个孩子都带了四川风味的零食，他们很感动。同时，我还为乐美家族购买了十几本书，今天已经到了，他们对我的好感又增加了几分。所以，当我提出这些要求的时候，他们没有任何异议，而是非常乐意改变自己，并且竭力在改变自己。

怎么讲？因为整个晚修，我都没在教室里待着，只是偶尔站在后门看看，其余时间我都在办公室备课。但今晚的晚修纪律，却是出奇地好！几乎每个孩子都在做有效劳动。

晚修结束之前，我进到教室，欣慰地说："今晚大家的表现我非常满意，不过，我还得啰唆一句，优秀的行为不算优秀，优秀的行为习惯才是真正的优秀！从现在开始，我们乐美家族，就要把这种晚修状态当作习惯保持下来！"

我曾经很反感这句话：没有教不好的孩子，只有不会教的老师。但是，当我的教育经历越来越丰富的时候，我觉得这句话也有它的道理。事实上每个孩子都是可以改变的，没改变的原因是我们没有找到改变他们的方法。

财物失窃的另类解法

开学以来,班里的各种收费都是孩子们在做,并且做得毫无差错。即便是金额高达数千,历时两三周,也没有谁掉过一分钱。我一直认为,在深圳这个经济高度发达的地方,学生群体中是不容易发生偷盗行为的。尤其是高中学生,都是经过中考选拔的,不仅学业成绩较好,而且普遍家境殷实。所以,我从未在乐美家族说过如何防贼防盗的事情。

可是,我认为最不可能发生的偷盗行为,仍然出现了。这是怎么回事呢?

上周学生体检,每个学生交26元的体检费。因为收费一直是学生在做且做得滴水不漏,所以这次收体检费我照例安排给学生。

负责第二组收费的是外宿学生瑶瑶。瑶瑶是一个诚实、细心的女孩。按理说,这种事情交给她,应该不会出现任何纰漏。

然而，上周六，瑶瑶悄声将我叫到教室的走廊上，难过地跟我说："老师，我收取的体检费掉了145元。"我吃惊地问："你把钱放哪里？""就放在书包里。"瑶瑶嗫嚅道，随后又赶紧补充，"我估计是外班同学拿的。"当然有这个可能，因为我们学校高中部的传统就是不关教室门，无论何时，教室门都是洞开的。一直以来都没丢失过东西，老师在这个方面几乎不用费心思。不过，也有可能就是乐美家族的成员拿的，奇怪的是，拿钱的人并不贪婪，只从一叠钱中拿走了145元。

破案不是我的专业，更非我的强项，所以一时之间我也茫然无措，只能让瑶瑶细细回忆经过，把当时的情况写出来，一起分析。

之后瑶瑶交来一张小纸条，上面写着：

昨晚（6月17日）晚修时，我来到教室，突然想起体检费还在书包里，从书包里拿出来一数，发现少了145元。我当时就蒙了，拿给班长数，还是少了145元。

我记得前几天在家里数的时候数目是对的，而且我记得非常清楚，有两张100元的，但是现在少了一张100元的。

我觉得在这件事上，我也有错。因为平时我只是把钱装在袋子里再放进书包，有时候中午没什么东西拿回家，就直接把书包拉好放在教室，让别人有机可乘。

我听从老师的安排，也希望老师原谅我这次的粗心。

瑶瑶

6月18日

从瑶瑶交给我的纸条来看，钱究竟在什么时候少的，她也不知道。孩子们平时都把钱塞进书包放教室里，这不是什么秘密。所以，她提供的信息无法帮助我找到偷钱的"真凶"。怎么办？这件事我失误在先,瑶瑶大意在后,要论责任,我和她都有。我是努力地追查"真凶",还是把这个失误变成一次有利的教育契机?权衡之下,我认为破案的可能性几乎为零,与其弄得人心惶惶、鸡飞狗跳,还不如把这个失误变成一次有利的教育契机。

经过思考,我做出如下处理方案:

将丢失的金额分成三个三分之一。第一个三分之一,我必须承担!只因我负有不可推卸的责任。首先,我没有做好德育预设,忽略了对孩子们如何保管钱物的引导,同时也忽略了对孩子们的品德教育。其次,我本来可以安排一个时间,让瑶瑶专门收取体检费,收好就转给我,也可避免丢失,可是我没有。退一步说,即使我没有安排专门的时间,瑶瑶收取了一部分之后,我也应该及时提醒瑶瑶交给我保管,可我还是没有。正是这一连串的疏忽,让本可以避免的事发生了。

第二个三分之一,应该由瑶瑶来负责。算起来瑶瑶有些委屈,干了活还赔本,真是得不偿失。但中国有句古话叫作"受人之托忠人之事",既然瑶瑶答应了我,我们之间就达成了口头协议,把钱收好保管好、一分不少地交给我也是她的职责。可是,她的疏忽大意、拖拉懒散,导致了145元失窃。所以,她必须负这个责任,目的就是让她明白:人必须为自己的承诺负责。

第三个三分之一,我想让乐美家族的同学来帮忙。这或许有点牵强。因为乐美家族的其他同学没有任何责任,他们凭什么要为瑶瑶的失误买单?我这样做,并不是要给瑶瑶难堪,在深圳,就瑶瑶的家庭情况来看,145元算不上多少钱,让她全额赔付,也不会有半点难处。就此事沟通时我告诉瑶瑶,让大家为她捐款其实是从班费里支取,但班费是大家的,所以要征求大家的意见。我这么做,就是要告诉乐美家族每个同学：我们是一家人，不管谁遇到麻烦，我们都要倾情相助！瑶瑶听我这样一说，满脸笑容，点头称是。对于我主动承担责任一事，瑶瑶更是感动万分。

处理方案做好了，也跟瑶瑶做了沟通，利用今天早读的机会，我在班上郑重其事地说："关于瑶瑶掉钱一事，我决定不追查了。因为硬要追查的话，只有两种结果：查出真凶和毫无结果。如果查出来，这个孩子或许会因为145元背负一辈子的贼人骂名，我不想毁人。我想说的是，如果这个孩子就坐在我们的教室里，他还有良知的话，这145元钱就会像一块烙铁一样永远烙在他的心尖，一辈子都会警醒他洁身自好，这145元丢了也值得。反之，如果他没有良知，偷了钱不但没有半点悔改之意，还在下面沾沾自喜，贼心不收，今后就有可能走上犯罪的道路，这也是他偷钱应得的报应。如果查了又毫无结果，我们势必要找几个怀疑对象，万一怀疑错了呢？对被怀疑的孩子不仅不公平，还是一种无法弥补的伤害。所以，我放弃追查此事，我宁愿偷钱的人得逞，也不愿意搞错对象，或者把一个孩子逼得无法转身。我思考再三，做了一个处理方案，我陈述出来，大家听听，再说有什么意见。"

我一边说，一边在黑板上板书。末了说道："我为我的疏忽赔付49元，瑶瑶为她自己的大意赔偿48元，乐美家族其他成员帮助48元。这个问题我们就这样解决了，从今往后，大家要保管好自己的财物，再收钱的时候，我们安排专门时间收，收好马上上交。小声地提醒一下大家，虽然深圳人不差钱，但还是有一些乱花钱的同学手头紧，在身无分文的情况下，难免会把手伸向别处。所以，请大家小心，同时也要学会如何花钱，不要有钱就花光，无钱就心慌，以至于一念之差做出令自己后悔、令别人不齿的事来。"

我看过很多老师成功破获班级失窃案的事例，我一直很小看自己，因为我从未成功破获过一起失窃案。我一直都是以预防为主，基本上也没有遇到班级失窃之事。只是，到了深圳，由于观念上的误区，老马失蹄之事竟然上演了。不过，既然是无法破获的无头公案，我为什么一定要去破呢？我何不把它转换成一个有利的教育契机？事实证明，我今天的处理方式赢得了每个学生的敬佩，孩子们私下议论，说他们读书十余载，还是头一次见到老师这样处理失窃案，真是让他们大开眼界，受益匪浅。

女生违规可以当众训斥吗?

乐美家族的孩子普遍学习成绩较差,这也是他们选择艺术班的理由之一。单就语文这一科来说,分班时的原始成绩平均分是87分,看起来分数不低,但试题总分是150分啊!3月份的月考,班级语文平均分既没有上升,也没有下降。为了提高他们学语文的兴趣,我收集了一些可读性很强的美文,到文印室印了出来。与他们商量说:"一周有6次晚修,2次用来学专业,所有学科都不占用这些时间,其余4次晚修则全部投入到文化课的学习上。我有个想法,我们每天晚上提前10分钟到教室,这10分钟用来阅读。4个晚上就是40分钟,可以读4篇美文,如此下去,一学期可以多读七八十篇文章,这就增加了大家的阅读量。再说了,我们学校条件这么好,随时都可以到文印室印制我们所需要的阅读材料,何不好好利用起来呢?"

老实说,虽然我一腔热血一脸诚恳,但并未赢得孩子们的热烈响应。相反,一些孩子还满脸不悦。我笑笑,说:"我不勉强,我们班51个人,我每次都印51份,来了的就跟着我读,不来的,我把阅读材料收藏起来,拿给你们的学弟学妹读。"

第一次晚修,6点50分,准时来了12个同学。我欣喜若狂,因为我最坏的打算是一个都不来。现在来了12个,这就说明,有12个同学是想进步的。我赶紧把这12个同学的名字写在黑板上,旁边写着:如约而至!我很欣赏这种守约的行为。来得晚的,我也没批评,提都没提一下。

第二次晚修,6点50分,准时来了14个同学,还有7个同学提前5分钟到了教室。我啥也没说,赶紧登记,先是表达对准时到教室的14个同学的欣赏,接着表示了对提前5分钟到教室的7个同学的认可,特意赞扬他们也是追求进步的同学。

慢慢地,提前10分钟进教室的同学越来越多了。

其实,这就是一个"知行合一"的训练。孩子们的成绩差,原因就是学习习惯不好,贪玩,怕吃苦,没有时间观念,不会主动找事情做。既然他们学习习惯都已经这么差了,我恨铁不成钢也于事无补。我能做的,就是千方百计去推动他们,让他们行动起来。只有促使他们去做一个不畏艰难的行者,他们的人生才会有收获!

尽管乐美家族的孩子在不断进步,班级面貌也越来越好,但总有几个女孩子很随意散漫,迟到犹如家常便饭。面对我的批评,她们只是静静地听着,既不反驳,也不因此羞赧,有时还会温顺地点头表示赞同。其中一个叫洛吟的女孩,还时不时"很傻,很天真"地呵呵笑出声。

看上去，这样的思想工作做得轻松又温情，师生关系无论如何都不会遭到破坏。跟我一贯秉持的"把女孩惯成神"的原则也很相符，实际上我管理班级的看家本领就是：把女生捧在手心，把男生拴在腰上。

　　可惜，这几个女孩的温顺是表面的，行为上却没有半点改变。这说明，她们根本就不吃我温情脉脉的所谓"把女生惯成神"那一套，也没想过做我的贴心小棉袄。她们只是任性，以自我为中心，随心所欲。估计她们早已摸准我的好脾气，知道我不会当众给女生难堪。

　　既然"先礼"无效，我就只能"后兵"了。

　　先说我是怎么"礼"的。

　　四个女生，分成两拨。洛吟和黎沐是同桌，两人好得就像连体婴，出入同行。第七周的周六下午第八节课，高一年级召开表彰大会。洛吟和黎沐还未散场就离开了会场，也正是由于提前离开，她们没有听到周日上课的消息，造成旷课6节的重大违规行为，让级长震怒（别的班级也有此类现象）。级长亲自草拟了处罚条例，要求班主任通知家长必须到学校签字，小孩写出800字的保证书，并且当着全班同学检讨，否则不准孩子进班。

　　我本来可以趁此机会好好修理洛吟和黎沐的，可最后还是选择折中。我想给足她们面子，等她们心中满怀歉意和悔意时，我再修理她们，既不会招致怨恨效果也会更好。

　　事发后，正值清明。黎沐吓得赶紧给我发短信，请求我婉转地跟她爸沟通，说她爸爸特别难沟通，如果知道她逃课，一定会骂死她。我成全了黎沐，考虑到清明节，一家人难得团聚又要祭祖，何必弄得他们一家人不愉快呢？于是就按捺住性子没有给她爸爸打电话，直到学生返校之后，我才委婉地跟黎沐的爸爸说了此事。黎沐在她爸爸那里逃过一劫，对我颇为感激。洛吟呢，事发之后，倒是主动给我打电话解释她为何回家了，借口就是她没听说周日上午要统一上课。事后，洛吟的妈妈到校与我沟通，相谈甚欢，我也从洛吟的妈妈那里了解到一些关于洛吟的情况。这也成为我后来要当众修理洛吟的依据。

至于级长要求写800字的检讨，我说："字数就不强行要求了，只要写清楚事情的来龙去脉，有自己的反思即可，也不用当着全班同学有声检讨了，女孩子嘛，都害怕难堪。只要你们今后不再犯此类错误，我可以原谅你们。"

这是大事，我都可以做到以礼待之，那些芝麻绿豆的小事，不难想象我对她们是如何礼遇有加，从未出言重责过。

另一拨女生则是叶子和仇云。这两个女孩脾气并不怪异，也没有逃课现象，但她们拖拉、懒散、经常迟到则是有目共睹。并且由于爱美，经常披头散发，不仅令乐美家族被扣分，更令众多任课老师不满。

我私下找这两个女生交流，她们口头上都答应我要改变自己，实际上却依然我行我素。也就是说，她们知道自己的行为不对，但并没有做出改正。这又是一个知而不行的例子。

既然如此，我要是再不采取行动，她们的不良习惯一旦与她们的血脉相融那就麻烦了。

首先，借助月考之后换座位一事，我把黎沐和洛吟、叶子和仇云分开，各自上课的纪律得到了保证。她们隔座相对，想要说话也没招了。

其次，我一门心思寻找她们违规的蛛丝马迹，累计记录（我有个工作原则：事不过三，过三必惩）。终于，机会来了。

先是早上洛吟披头散发被扣分，接着是大课间的时候，洛吟不请假滞留在教室，最让人生气的是，晚上其他同学都提前10分钟进教室阅读，她却迟到了。并且这次迟到绝非偶然，我在6点40分的时候碰到她，打过招呼督促她快进教室。提醒之后她眼见着我进入教室却还是迟到了，我要是不厉声重责，只怕她会愈发骄纵，而其他孩子也会效尤。再加上黎沐、叶子、仇云都迟到了，正好，四个女生齐聚一堂，我就来个会审，狠狠地当众批她们一顿！

我用近乎冰冷的声音说："扭头看看后面的黑板上方！那是我们的班级格言。你们自己扪心自问，你们遵守规则了吗？生活在校园里，有充足的时间吃饭和休息——放学到上晚修间隔80分钟！这80分钟还不够你们安排自己的私事？可是你们屡屡违规，难道你们就心甘情愿就此堕落下去？！洛吟，你自己想想，你一而再、再而三地在一些小事上违规。我现在当着全班同学的面郑重地告诉你，你要是不拿出整改的行动来，我就直接叫你家长到学校来接人！不要以为学校拿你没办法，习惯不好，屡教不改，符合劝退条件！还有黎沐，你说你的父亲难沟通，可你却屡次违规，难不成要我把你父亲叫到学校来，当众打骂你一番你才舒服？至于叶子和仇云，你们反观自己，月考成绩直线下降！你们不但没有加以高度重视，反而还在迟到！我告诉你们，不论你们自我感觉多么良好，不遵守规则，不管走到哪里，都不受欢迎！"

四个女孩子从来没听过我说这样重的话，自然是备感痛苦。我估计她们心中一定是恨意翻滚了，但也知道她们现在是自知理亏，不敢声张。为什么？我之前对她们可谓礼遇有加，现在招致重锤打击都是她们自找的。

过了一会儿，我看她们的面色稍稍和缓，又语重心长地说："我几乎从不在大庭广众之下责备女孩子，因为我也是女性，我知道女孩子的面子薄，自尊心强。我一直都是秉持着'把女孩惯成神'的女生教育理念。可是，你们的行为实在太令我失望了！我知道，我这样批评你们，你们会恨我。但我不会在意，我不仅是个女性，我更是一位老师，我有责任，也有权利指出学生的不足！如果你们真要恨，失眠的是你们，吃不下饭的也是你们，痛苦的当然还是你们。这些都与我无关，因为我认为我做得对！我甚至还有一丝喜悦的感觉，为我的敢于直言，为我的原则之内寸步不让，为我敢于对学生的坏习惯说'不'的勇气！"

很多老师看到我前文训斥几个女生的言语，一定为我捏着一把汗。事实上不用，因为这四个女生明确表态心里不恨我，反而感到很羞愧、很难过、很对不住我。她们之所以不恨我，原因有如下几个：

一、我一直对女生很友好，为她们排除了不少的麻烦。

二、我是就事论事，没有做人身攻击。我只是引用了乐美家族的班级格言，没有对她们做道德评价。

三、一直以来，我都对"知行合一"做了最好的诠释。我能由一个农村教师走到深圳市这个大舞台，实际上靠的就是"知行合一"。

四、虽然我教她们的时间不足两个月，但我的言行足以成为她们的表率。我用自己坚持不懈的行动告诉乐美家族的每一个孩子，我是一个什么样的人。所以，虽然相识不足两个月，但我的威信是极高的，无论是在家长心中，还是在学生心中。

反思这件事，我一直在想，班主任不是不可以厉声责备学生，关键是你有没有责备的资本。如果学生服你，别说责备，打骂他们都会认账。所以，做一个优秀的班主任，人格魅力极为重要！

那些令人备感幸福的细节

负责内宿学生起居的刘教官多次跟我说，乐美家族的学生表现很不错，归根结底都是我带班水平高。这话听起来很美，让人难免飘飘然。不过，我还是很清醒。孩子们表现好，固然是因为我的带班理念起了作用，但也不能忽略乐美家族的孩子本身就不错这个原因。我听过很多老师抱怨，说他们遇到的学生有多糟糕，遇到的家长有多不讲理。每当听到这些抱怨时，我就暗自庆幸，觉得自己真是幸运。因为我从来没遇到那种不可教化的学生，也没碰到蛮不讲理的家长。

我孤身一人到深圳，在一个完全陌生的地方能每天笑迎每一个人，都是因为乐美家族的孩子极具包容心态。我是一个个性爽快的人，做事雷厉风行，讲究速度，注重细节。可乐美家族的孩子，做事漫不经心，行事毫无生气，我就很看不惯。我总是说，年轻人壮气吞牛，该拿出朝气来，人不轻狂枉少年！我这样一激，孩子们就会积极一点。过些天，他们又慢悠悠的，我又要激烈催促："速度！拿出深圳速度来！"孩子们就会笑，说："这是光明区。"我也笑，说："光明区属于深圳，所以，不能有拖拉懒散的借口！"尽管我每天催逼他们前进，但孩子们并没有怨言。我知道，他们心里想前进，只是心有余而力不足。他们的学业已经"欠下债务"，急不来了，只能慢慢地推着他们前进。但是，即便是推着前进，我也要拿出激情，拿出毫不气馁、毫不放松的气势啊！这样的推进一定比那种半死不活有气无力的推进好！

所以，我几乎每天都在寻找推进的契机。刘教官多次在我面前表扬乐美家族的孩子表现不俗，我何不借此机会推他们一把，让他们做得更好呢？

今天早晨恰好是我的早读课，趁还没响铃，我激奋地说道："昨天早晨英语晨读得A，量化考核100分，这说明什么？说明我们乐美家族的同学不是做不到，只是以前不屑于做而已！看看这两周，只要我们师生齐心，形势马上一片大好！我觉得取得这样的成绩不能骄傲，因为有那么多人在监督我们。我真正感到骄傲的是，你们的教官多次在我面前称赞你们，说你们懂事、体谅、守规则。虽然教官总是把功劳归在我身上，但我认为不是我的功劳，而是你们本身素质不错。不过，我觉得同学们还可以做得更好。李镇西老师有句话叫作：让别人因我的存在而幸福！这句话也一直是我的做人准则。一个人活在世上，就是要让你身边的人感到幸福，你身边的人都感到幸福了，那么你也就找到自己的幸福了！试想一下，如果你总是让周边的人不快乐，你会得到快乐吗？显而易见，如若别人拜你所赐痛苦不堪，那么你得到的也绝不是幸福美满。我手上有一份修身的材料，我本打算赠送给乐美家族的寄宿生，昨天上午请易思去复印，她恰好忘记了。这样更好，昨天下午我干脆请易思复印51份，人人有份！有人说，知识是学来的，境界是修来的。这话一点都没错！口乃心之门户，行为乃心之体现！所以，你只有把自己修炼成一个高境界的人，才能令别人感到幸福。"

孩子们听我说了这一番话，都笑吟吟的，满怀期待地望着我。我知道，我这轻轻一推，他们又朝前进了一步。

在孩子们期待的眼神中，我快速把复印好的修身材料发下去。他们拿着赶紧低头阅读，有的孩子一边阅读一边点头。这份所谓的修身材料，是我根据网上资料自己总结整理的，对塑造和谐的校园生活大有裨益，附下：

细节，体现你的教养

1. 不在寝室内打电话，不影响他人学习和休息。接电话尽量到门外。

2. 轻声敲门得到应许方能推门入寝室。给足空间和准备时间，以免屋里的人感到不舒服。

3. 去其他同学寝室，轻敲两声再推门进入。声音太大吵醒午睡的同学，会令嫌隙顿生；门若推不开，等人醒后再造访。

4. 若要晚睡，请提早洗漱，以免打扰到别人。

5. 寝室里用懒人桌，用后请小心翼翼合盖桌腿，避免声响过大惊扰他人。

6. 尽可能不在别人休息时使用有声电器，必须使用时请控制音量，你的善意将赢得他人尊敬。

7. 晚上学习结束，关拉书包时将手紧贴拉链处，轻巧用力将声音降至最低。若能次日早起收拾再好不过。

8. 为了楼下的同学着想，寝室里来去时请尽量轻手轻脚。

9. 翻书时能顾及休息中的同学不发出任何声响的人，会因体贴而收获友谊。

10. 吃东西时不发出过大的咀嚼声，不吃那种极易发出声响的硬塑料包装的食品，以免惊扰别人休息。

11. 别人在学习时，看书背单词采取默读的方式，以免打扰他人。

12. 寝室内务保持基本整洁即可，东西摆放整齐，不给他人造成困扰。

13. 室友如同家人，遇到困难一起商量解决，即使不习惯求助，也不要将情绪随意宣泄到室友身上。

14. 回首相知相守的日子，感动于点点滴滴的细节。于细节之处为他人着想，必将有助于同学们的未来发展。

赠乐美家族同学一份温馨的礼物
乐美家族领头人：钟杰

教育，不要奢望立竿见影，但也不能因为见效慢就疏于推进，我们要怀着不奢求的平和心态，不厌其烦地给孩子的心田播下美好的种子。我相信，只要我们不断播下美好的种子，就算霜冻和雨雪会损坏许多我们精心播下的种子，也一定有一些经历了霜冻和雨雪仍然饱满晶亮的种子能够破土而出、拔节生长！这就是信念，对于教育的信念，每个班主任老师都应该秉持并贯彻到底！

第四章
攻心为上，帮学生做好情绪管理

如何化解激情冲突？

早先我曾就班长的困扰给他写过一封信。看完之后的想法他没有反馈给我，不过从他此后的行动来看，他的内心确实受到很大的触动，并且在试着改变。

某日下午七八节课，高一高二年级的学生在架空层举行演讲比赛。乐美家族的参赛选手是仇云。当仇云前往舞台旁侧做准备时，班长从乐美家族的阵营里走了出来，提凳子坐在我旁边，笑嘻嘻地跟我说："等下仇云上台时，我要大声疾呼！"我笑着说："好啊！登高一呼，众皆响应！这就是王者风范！"

当仇云优雅地走向舞台中央，在话筒前站定时，班长振臂高呼："仇云加油！"他这一喊，后面那些傻乎乎的男生跟着就喊了起来。人心顿时聚拢起来，气氛也热烈非凡。

虽然仇云因为紧张忘词只获得三等奖，但

我一点也不觉得遗憾。因为最让我欣慰的是，我看到班长在竭力地把自己打造成一个具有号召力的人。

演讲完毕，接下来是发奖环节。奖品丰厚，都是书籍，即便是三等奖也奖励了五本图书。最让人惊喜的是，语文老师也有奖品，那就是每个语文老师自选一本自己最喜欢的书奖励自己。我本来想选星云大师的书，但一位男同事很想要，我就让给他了，转而选了一本安妮宝贝的《告别薇安》。之后，孩子们纷纷散场，我也回办公室拿包准备回家。这时，语文科组长打电话跟我说，这段时间大家都累，出去吃个饭吧，还说在学校大门外等我。我应承着，下楼朝学校大门走去。

还没走下楼，我接到一个陌生电话，电话那头是惊慌失措的声音，说道："钟老师，你班学生和我班学生第八节课在篮球场上打篮球，彼此相撞，很严重，现在在光明医院的急诊科，你快点来吧。"打电话的是二班的班主任李老师，她已经在医院守着了。我大吃一惊，第八节不是在搞演讲比赛吗？怎么又有学生在篮球场上打篮球？于是反问道："是谁？你认识吗？"李老师说："是你班上的王金睿。"哦，王金睿，班长，明白了，第八节是初三的篮球比赛，他是体育部的，所以要去当志愿者。一个志愿者怎么会在篮球场上打球呢？还和别人相撞了，这期间究竟发生了什么？一团迷雾！我只得抄后门，三步并作两步，一路冷风伴雨赶到了光明医院。

找到急诊科，刚进门我就看到班长用一张白色的卫生纸捂着右眼袋。走近看，班长的眼珠子还在灵活地转动，我悬着的心终于放下，问道："眼球没问题吧？"班长没有顺着我的话回答，而是难过地致歉："老师，对不起。"我淡淡一笑："没什么，我们都应该感到高兴，只是一点外伤，眼球没伤着，就是大幸事！"说完，我小声地询问了一些相关细节。

原来,班长到球场的时候比赛还没开始,他一时技痒,就上场玩几手。哪知运气不好,与二班的一男生相撞。二班的男生高大威猛,力道很大,正好撞在班长的眼镜上,眼镜被撞坏了,脆裂的镜片把下眼皮划伤了。班长叙述完毕,又悔恨道:"都怪我贪玩,是我不好,老是惹事,让父母和老师操心。"我安慰道:"别自责了,这跟你没关系,在球场上,谁都难料,哪个运动员不受伤啊?我相信你的父母不会责怪你的,我马上就打电话给他们解释。"

班长的父母虽然爱子心切,但毕竟是通情达理的人。当我跟他们说清楚情况,并且安慰他们不要着急,我会照顾好孩子的时候,他们更是万分感激。

回头来说班长的伤,究竟怎么样呢?

由于是下班时间,医院的医生大多回家了,急诊科的两个医生据说又跟随120急救车出去了。护士让我们耐心等待。既然医生不在,我们着急也是于事无补,只能安心等待。等了大概半个小时,还不见医生的踪影,我心里开始着急了。孩子受伤了呀,伤口里还有镜片渣子,这万一感染了,怎么办?于是我走到值班室,用近乎请求的语气对护士说道:"护士小姐,麻烦你通知值班医生快点到吧,这孩子的伤口里有玻璃渣子呢,要及时处理伤口啊。"

值班室的护士看我说得急切又恳切,马上打电话叽里咕噜说了一通广东话,说的什么意思,我一句也没听懂。说完,又用普通话跟我说:"你再等一等,医生马上就要到了。"

大概又等了10分钟,急诊科进来了两个男人,看样子应该是医生吧。果然,他们进屋之后,立即穿上白大褂。其中一个把班长带进了隔壁的治疗室,简单看了看,说:"这要动手术,还要缝针。"我只好说一切遵医嘱。随后,医生把班长带进了治疗室后面的隔离室,"砰"的一声,把门给关上了。

隔着一道薄薄的门,里面是接受治疗的班长,外面是焦急等待的我。我穿了一条纱裙,很薄,冷风从医院大门灌进来,几番旋转到我身上,我不禁打了几个寒战。

等了大概40分钟,医生终于开门了,班长走出来,右眼已经用白纱布包住了。我们跟随医生去到急诊科,医生说:"伤口很深,很不规则,缝是缝好了,但今后肯定要留下疤痕。"班长没吭声,看得出心情很沉重。我连忙故作轻松地说:"没事,即便有疤痕,也会慢慢变淡的。"

接下来,等医生开药方,缴费,拿药,找护士给班长做皮试。班长就像一个温顺的小娃娃一样跟在我后面。

做皮试的时候,要等待20分钟。我就陪班长坐着,跟他讲我在四川经历地震的事。我回忆这些往事,一是想告诉班长,任何一种经历都是一笔财富,发生了,应该坦然面对,而不是颓丧自责;二是想转移班长的注意力,免得他老纠结受伤一事。但班长还是情难自禁,给他妈妈打电话道歉,哭得泪流满面。我拍着班长的肩头说:"事情发生了,属于既定事实,所有的说辞都是没有用的,唯一能做的,就是解决问题,事后反思,今后避免。再说了,这件事纯属意外情况,错不在你,我相信你的父母能够理解的。"

班长点点头,但还是很自责,说:"从小到大,我惹了不少事,老让父母担心。"我笑笑,说:"我理解你的心情,也理解你父母的心情,这一切都源于一个字,爱!成长就是这样,不断地跌倒,然后爬起来,有些弯道怎么都绕不开,必须经受,才能长大,所以,既然避不开,不如坦然接受。因为每一种经历,都是一笔宝贵的财富！"

注射破伤风针之后，我们又等了20分钟，见班长没有任何不良反应，我才陪班长乘着薄凉的夜风走回学校。这一路上，我们都没怎么说话，在昏黄的街灯下默默地缓步前行，好像谁也不想惊动谁似的。

做班主任，难免会遭遇学生之间的突发事件。很多时候，班主任都会埋怨学生给自己带来了麻烦。但我不这样认为，这个时候恰好是增进师生感情的最佳时机，就算再厌烦，也要耐心地陪伴在孩子左右，给予他最真诚的帮助。因为这个时候，孩子是最无助的，他最需要的是陪伴和帮助，陪伴的过程中，孩子的心就完全向老师敞开了，而老师就在这个时候赢得了一颗心的完全信任。在今后的工作中，老师就少了一个对手，多了一个帮手！

消解情绪污染的有效途径

易思是乐美家族的书记员,性格活泼,做事主动,加上是女孩,心思细腻,善解人意,所以我在分配劳动任务时,将倒垃圾一责交给了她。

任务分配下来,易思没有表现出不满,也没有怠工,每次都很认真很开心地完成了任务。

可对于这周的劳动轮值,一向主动的易思竟然怠惰了。不仅怠惰,别人提醒她的时候她还满脸的不悦。

易思为何有这样的变化?是人际关系出了问题,还是学习上压力过大?抑或是和家里人沟通不畅?再或是有了青春小秘密在那里"为赋新词强说愁"?我心里生出了许多疑问,很想找她聊聊,以解心中疑窦。

可是,看易思那张阴云密布的脸,我又迟疑了。易思的阴沉影响到我的心情,我心里有隐隐的不安。或许我太感情用事，不适合做老师，因为孩子的心情总会影响到我。孩子们阳光灿烂，我心里就会艳阳高照；孩子们一脸阴云，我心里就会阴雨绵绵。虽然，我早已为自己注册了一张微笑的商标，但在我的内心深处，总是会为孩子们的不快乐买单。

连续几天，易思都满脸寒霜气冲斗牛，上课时也是无精打采的。总之，现在的易思跟以前的易思简直判若两人。

再也不能迟疑了，我必须问问易思，她究竟怎么了，我要如何才能帮助她。可是，当我拉住她询问的时候，她却抗拒地答道："没什么啦。"

这句话听来语轻，其实意重。我心里忽地一沉，这么说来，这孩子并不信任我，因为在她看来，我并非她需要的那个人。我为何会成为一个不被需要的人？这只能说明，我没有给孩子提供实际的帮助，所以，当他们有了困难或者烦恼的时候，是不会找我求助和倾诉的。

怎么办？难道就放任易思整日阴沉着一张脸，任之不断恶化浸染周围的人，最后让大家都不开心？我不想乐美家族的孩子不开心，我希望他们每天都能开心地成长。

于是我很郑重地约易思到办公室来面谈。一般情况下，我是很反对不分大事小事将孩子叫到办公室的，我觉得那样会给孩子太大的压力。我更喜欢与孩子一起漫步在校园的林荫道上，窃窃私语般地漫谈。可是，就易思这种情况，我也只能摆出教师的威严请她到办公室一谈。不然，她会像游鱼一样从我的旁侧逃走。

易思来了。比之以前的她，现在的她更多了几分女孩的雅致与柔美。之前随意往后一梳的头发已经拉成了笔直的披肩长发，只是我更留恋以前那个大大咧咧、笑容满面的易思。高一的女孩，心思一多,烦恼自然也多。这点我很理解,毕竟我也是这样一步步走过来的。成长,本身就是由烦恼、痛苦、飞扬、成功等元素构成的。

我告诉易思,为何要让她这样一个女孩倒垃圾。说实话,垃圾还是由男生倒比较好。乐美家族成立之初,男生做事不主动,靠不住,所以我就物色了几个责任心比较强的女生来把关。人就是这样,一旦规矩定下来,实施得又很顺利,就不想再改动了。所以,直到现在,尽管乐美家族的男生做事越来越主动,我却没再做任何调整。

易思听我说完,咧嘴笑了笑,说:"不是倒垃圾的原因,是周末的时候出去玩,骑了马,腿有点痛,现在每天要跑上跑下的,难受,所以很烦。"

原来易思阴沉着一张脸的原因在这里,幸亏我没有断章取义乱下判断。看来,一切存在的现象都是有原因的,只有查清缘由才能找到真相,也才能对症下药。

不过,从这件事也可看出,不只是易思,很多孩子都缺乏解决问题的能力,尤其缺乏沟通能力。当这两种能力都缺乏的时候,他们就很容易释放出不良的情绪来污染周围的人,致使人际氛围非常压抑,也就谈不上什么开心快乐了。

解决易思的问题,其实是很简单的。我跟她说:"我们可以找一个同学沟通,换一个工作,不就行了吗?"易思说:"我不想听那些杂七杂八的话,就像上次,你跟某个同学说好换工作,他当面答应了,可背后又表示不满,听着真的很不舒服。"

原来易思有这样的顾虑,她的顾虑也没错。错在我与孩子沟通的时候太强势了,没有让孩子心甘情愿地认同我的意见。看来,任何一个小小的细节,都值得教育者去重视啊。

易思的事情后来很轻松地就解决了。不过，通过这件事，我也发现了一些不可错失的教育契机。

我以为我必须借助这件事告诉所有孩子一些必须明白且必须落实到行动上的道理——

1.与其抱怨，不如快乐承担。答应别人的请求之前一定要先掂量一下，自己是否心甘情愿，是否能做到，然后再决定是否答应。一旦答应，不管遇到什么困难，都不可以抱怨——这是特别不划算的买卖，虽付出了，却还得罪人。

2.绝不做损人不利己的人。做任何事情之前都要想想自己所为会不会损害到别人的利益，一旦损人，就破坏了做人的底线。比如，用不良的情绪去污染关心你、爱护你的人，这就是损人，而且不利己。

3.珍惜现在所拥有的。聪明人追求没有的，智慧之人珍惜所拥有的。以前的同学和老师固然要记挂在心，但我们不该厚此薄彼，对身边人视而不见。所以，为人行事的时候要多考虑身边人，珍惜眼前人才是最重要的。

4.永远不要做情绪的污染者。胡适在《我的母亲》中有一句话："我渐渐明白，世间最可厌恶的事莫如一张生气的脸；世间最下流的事莫如把生气的脸摆给旁人看。这比打骂还难受。"

第四点最重要，我希望每个学生都要记住并践行这句话：永远不要做情绪的污染者！因为别人没有义务来承受你的污染！

很多人都喜欢用制度来约束孩子，问题是制度只能约束孩子的外在行为，孩子的内心世界呢，制度能约束得了吗？所以，最好的办法还是要跟孩子心贴心，只有贴心了，师生才会心心相印，教育也才会有成效。

挽救后进生的有效策略

一、顾全生命安全

早上,我沐浴着深圳的春日暖阳去教室上早修,经过高一年级各项量化评比的小白板时扫去一眼,上面赫然写着高一(七)班:100分。再细看,高一年级七个班,只有七班得了满分,是第一名,我心里不禁乐滋滋的。看来,周一的"我们为什么要遵守规则"的班会课没白上。

我到了教室,趁热打铁,鼓励了大家几句。孩子们一个个都笑嘻嘻的,脸上泛着一层得意的光泽。

经过一周的磨合,高一(七)班总算走上正轨,我心里顿觉轻松多了。

下午,我把孩子们给七班取名的资料进行汇总,准备利用第八节课敲定七班的班名、班训、班风等事宜。不料年级组临时通知,第八节课要对换科的学生进行调整。于是我服从安排,把敲定班名的事暂置一边。

七班有5个孩子要调出去。一个是学传媒的,当初分错了,必须调班;另四个是对美术找不到任何感觉,学起来深感痛苦的同学,强烈要求调到文科班去。我心里不乏隐忧:班上本来才44个孩子,出去5个,那我这个班岂不是人气凋零?

正在思忖间,级长给了我一张名单,竟然还有11名学生要调进七班。掐指一算,出去5个,进来11个,这七班的总人数不就50个了吗?50就50吧,我没有任何说辞,心甘情愿地接纳了这11个孩子。

不就是安顿进出的学生吗?这些鸡毛蒜皮的事情,对于有多年班主任工作经验的我来说,无疑是小菜一碟。

因此,我很快就把学生的调配工作搞定了,接着到餐厅吃晚饭。

晚饭后我本想换鞋到运动场锻炼一会儿,不料接到德育主任的电话,说七班的陈子麒回家时被车撞了,叫我赶紧去看看。

我一听,心中不禁又慌又急。虽然我才教陈子麒两周时间,感情不深,但他毕竟是一个活生生的人啊!况且他的身形如我儿子般大小,我孤身一人来到深圳光明中学,早已把这些孩子当自家孩子一般。听到陈子麒遭遇车祸,我不由得胡思乱想起来,既担心陈子麒的安危,又忧心自己远在四川的儿子上学放学路上发生意外。

虽然脑子里做着无端猜想,但我仍不忘给周维贤打电话询问陈子麒的情况。周维贤是陈子麒的铁杆朋友,两人中谁先出事,另一个都必定是最先得到消息的。果不其然,周维贤正在医院里陪同,他略带哭腔地向我电话汇报,说陈子麒伤得很严重,正在光明医院急救,陈子麒的家长也赶到医院了。我说:"那我马上到。"电话那头的周维贤恳请道:"老师不用来了,有什么事我给您汇报就是。"我马上打断他的话,说:"我怎么可能不去呢?要是不过去看看我心里会着急的。"说完,我挂掉电话,拿起包就朝校外走去。

说来郁闷,我在校门口站了好一会儿,竟然招不到一辆出租车。恰好这时历史老师出来,得知我要打车去医院,说:"这里哪有出租车啊,你要赶得急的话,就只有去打摩的了。"说心里话,在这车流如水的地方,坐摩的的安全系数实在是太低了。再自恋一点说,像我这样满身书卷气的女士,坐在一辆又旧又丑的摩托车后面,实在是不够优雅。但有什么办法呢?一、我压根不知道光明医院在哪里;二、陈子麒现在还躺在医院生死未卜。情况紧急,又不识路,我还管什么摩的啥的,管什么优雅与粗俗,只要能用最短的时间赶到医院,就谢天谢地了。

可惜屋漏又逢连夜雨,走了好长一截路,也没找到摩的。历史老师热心,看见有骑摩托车的就招手,结果会错意,人家不是做摩的生意的。一直走到农贸市场,才看见一个搬运工模样的男人骑在一辆摩托上,两脚抵在地上。历史老师笃定地说:"这个肯定是开摩的的,咱们去问问。"走近一问,果然是开摩的的,听说我要到光明医院,开口就要5元。我想都没想,顺口答道:"5元就5元吧。"紧急时刻,谁还计较钱的事,到医院才是我的目的。

摩的师傅载着我风驰电掣般朝光明医院开去。两分钟后,光明医院就到了。我不禁哑然失笑,原以为好远,未承想近在咫尺。

一下车,周维贤就冒了出来,指引着我朝检查室走去。检查室外面围着很多人,个个满脸焦急。其中一个身材魁梧、穿白衬衣的中年男子打着电话,不停地来回走动,嘴里叽里咕噜说着广东话。周围的人也议论纷纷,各有说法,同样是广东话。我像个傻子一样,一句都听不懂。周维贤见我茫然无措,赶紧上前释疑,告诉我穿着白衬衣焦急地打着电话的男人就是陈子麒的父亲,另两位满脸悲戚、私语不绝的是陈子麒的爷爷奶奶。还有那位气愤地叫嚷着要把肇事司机扔下楼的穿着花衬衣的中年男子,竟然是周维贤的父亲。周维贤把他的父亲介绍给我,尽管这个男人愤恨难平,但一听说我是他儿子的班主任,还是压住火气客气地跟我握了手。周维贤之父又赶紧将我介绍给陈子麒的父亲,说是班主任来看望小孩了。陈子麒的父亲忙碌焦灼中仍不忘向我致谢。旁边一位看起来比较儒雅的中年男人,不知道是陈子麒的什么亲人,听说我是老师,赶紧递过一瓶水来请我喝水。

稍稍寒暄之后,我跟着进了检查室。此时的陈子麒已经处于昏迷状态。问题究竟有多严重,一时还说不清,只说要等市医院的专家来会诊之后才能得出结论。做了初步的检查与伤口处理后,护工把陈子麒送进了手术室,说要等专家到了才能确定是否做手术。

这种时候,我是一点忙也帮不上,只能安静地陪陈子麒的母亲以及爷爷奶奶坐在手术室外面的长凳上。我想,就算我什么也不说,只要我在场陪着他们,对陈子麒的家人而言也是一种安慰。尤其是陈子麒的母亲,我最理解她此时的心情。所以,尽管她多次叫我回学校,我还是坚持陪她坐着。我说:"同为母亲,我理解你的心情,我虽帮不上你什么忙,陪你等待消息却是做得到的!再说了,我也要等到确切的消息才放心!"陈子麒的母亲没再推辞,只是感激地点点头,眼眶里蓄满了眼泪。

过了一会儿,大家的情绪都慢慢冷静下来。我才从他们的口中得知陈子麒遭遇车祸的大概情况。应该是放学后，陈子麒骑着摩托车回家（我们学校是明令禁止学生骑摩托车上学的，但学生总是偷偷骑，他们没把车放学校，而是寄存在校外。所以，孩子骑车上学只有家长知道，校方根本不知情），恰好在新桥的拐角处被一辆快递公司的车撞上，四肢无损，胸部和脑部受伤。经检查，胸部的伤无大碍，但是脑部受伤严重，颅内已经出血。

这样说来，只要做了手术，陈子麒就无性命之忧。我的心总算安定下来。只要把命保住一切都好说。

大概等到8点，两位市医院的专家来了。他们的到来，引得手术室外一阵议论。随后，两位专家走进手术室。过了半个小时，专家及陪同者出来，手术室外又是一阵叽里咕噜的议论。我听不懂，愣愣地望着那群议论者。陈子麒的母亲见我听不懂广东话，赶紧给我翻译，说陈子麒的伤势严重，在光明医院搞不定，必须转到深圳市人民医院才行。

9点20分，载着昏迷不醒的陈子麒的救护车徐徐开出光明医院的大门，朝深圳市区疾驰而去。我也在陈子麒家人的关照下，由一个年轻小伙子送回学校。现在，时间已经是23点47分，我不知道陈子麒的手术做完没有。但愿他吉人天相，顺利逃过这一劫！

二、以平常心给予关怀

来深圳的第一周，学校安排我代高一（五）班（未分科前）的语文课。才上一天，就有学生对我说："老师，五班很烂哦。"我笑笑，不置可否。看我对此没有兴趣，也就没有学生再说，但我察觉得出，五班的班风和学风都不甚好。随后，也听闻一些老师对五班的评价：班风差，烂仔多。尤其说到陈子麒时，每个老师都无奈地叹道：彻底一个烂仔，没救了！

一周之后，文理艺术分科，陈子麒被分到我的班级。当时就有老师对我表示同情，说我运气差，分到一个烂仔，够麻烦的。

事实上陈子麒的确是一个令人操心的孩子。分班的第一周，我就找他谈了几次话，但效果并不明显，我提醒自己少安毋躁，教育没有速成法。

谁知陈子麒在新班级里才读一周就出事了：他放学回家骑摩托车撞到一辆小车上，当即昏迷不醒。

陈子麒在医院里躺了将近一个月才回到家，在家里休息一周才回到班上。真所谓"祸兮福所倚"，经历了这次车祸后，陈子麒竟然性情大变了，整个人变得温顺听话，尤其是对我，简直到了言听计从的地步。那么，陈子麒为何会转变呢？真的是车祸伤了他的脑子，把他给撞聪明了？肯定不是。据陈子麒的父母讲，陈子麒之所以转变，是因为我对他够好。我对他好吗？扪心自问，我没有对陈子麒表现出特别关照，我只是做了如下几件事，或许在陈子麒眼里，这就是我对他的关怀吧。

一、听闻陈子麒出了车祸，我晚饭都没吃，第一时间到医院守候，陪着陈子麒的家人整整守候三个小时，直到陈子麒转到深圳市人民医院，我才拖着疲惫的身子回家。

二、陈子麒在医院期间，就算没有苏醒，我也隔三差五地打电话问候，同时叮嘱陈子麒的家人保重自己，我的问候和关心常常把陈子麒的父亲感动得声音哽咽。

三、陈子麒出院后，我又去家访。他的家人非常重视，对我礼遇有加。尤其是陈子麒的爷爷，快90岁了，精神矍铄，耳聪目明，腰背挺直，口齿清楚，思路清晰，老人不停地朝我竖起大拇指，直言我是他家最尊贵的客人。

四、陈子麒出车祸之后，我把他的课桌收拾得整整齐齐，郑重地对孩子们说，就算陈子麒躺在医院了，这个座位也永远是他的，我们见座如见人。

五、本来我计划第三周照班级"全家福"，但因为陈子麒出事了，我对大家说，我们的"全家福"一个都不能少，要等到陈子麒回班之后，才照我们的"全家福"。于是大家一直等到陈子麒返校，才咧着嘴把"全家福"照了。现在，我们的"全家福"就挂在乐美家族的前墙上。

陈子麒回来，由于严重脑震荡，他的脑子再也不灵光了，记忆力严重衰退。本来基础就很差，这么一来，他基本什么也学不进了。我没有责怪他，更没有歧视他，一次又一次耐心地指导他从最简单的内容学起，然而就连最简单的内容他也学不进。除了包容和等待，我找不出其他更好的办法。

陈子麒对学校很依恋。本来医生叮嘱他在家休养一个月，可他在家休养了一周就嚷着要到学校来，并且还非常守时。他成绩确实非常差，除了认识几个字，几乎什么也不会。但他在尽自己最大的努力遵守课堂纪律，尽量不影响上课老师的情绪。他不抽烟，不赌博，也不打架，他的心地十分善良。也就是说，陈子麒除了成绩差，其他都很好。怎么能说他是一个烂仔呢？

后来，乐美家族的孩子给自己定学习目标。陈子麒定的目标是：不考全年级倒数第一名。我拍着他的肩膀笑赞道："好啊，只要你努力了，哪怕是倒数第二名，我也觉得你很棒！"陈子麒喜欢坐在空调边，我就说："那我把教室里的两个空调交给你，放学放假时你就检查空调是否关闭。"陈子麒很乐意地接受了这个任务，非常认真地管着他负责的两个空调。

有一次,我发现他的座位旁堆了很多矿泉水瓶子,有些只喝了一半。我心疼地说:"虽然水也不贵,以你家的经济实力,买水的钱都不能说是钱,但节约资源跟有钱无钱没有关系啊!"我以此为契机,在班上给孩子们讲了《一杯水和半杯水的故事》——

一位住在德国的日本人在一位德国朋友的陪同下去另外一位德国人家中串门。主人见有日本人来,想沏茶待客,陪同来的德国人说不喝茶,只需要半杯白开水。于是日本人也要了一杯白开水。

当两位客人起身要走时,陪同来的德国人杯中的水已经喝完,而日本人杯中的水只喝了一点点,大半杯水剩在那儿了。这时陪同来的德国人对日本人说:"你不是要了一杯水吗?怎么没有喝下去?"日本人幡然悔悟,端起杯将水喝了个精光,这就是德国人的节约精神!

从此以后,我再也没看到陈子麒浪费水。

平时,我会拍拍他的肩膀,鼓励他,肯定他。让孩子们看了罗永浩的《我的奋斗》后,我对他说:"人活着,不只是为了吃饭睡觉,而是要向别人证明你是有用的,对他人来说是重要的。一个人只有被大家需要,才是有意义的。"他似懂非懂地点头,从此之后,不仅听话,也更上进了。

最初,陈子麒不喜欢开口读书,我鼓励他先跟着大家默念,然后小声读,再大声读。慢慢地,他终于可以开口小声读书了。对于作业,他是一个字都不写,在我对他提出要求之后,他才逐渐步入正轨。前几天,听写生字,他竟然全写对了(我知道,以他的能力是不可能全写对的,不管哪种情况,总之他就是写了),我赶紧抓住这个契机,在班上对他猛加赞扬:"看看陈子麒,开始听写了,而且全写对了,再看他名字,写得帅,可谓是力透纸背,很有个性,很男人!"

孩子们听我这样赞扬他,意味深长地笑起来。我知道孩子们的笑声里有轻微的嘲讽,于是捂着胸口,真诚地说:"我这辈子运气真的很好,我遇到的每个学生都很好。就说陈子麒,我刚来带五班的时候,很多老师都说他是烂仔,他分到我们班的时候,还有老师在为我忧心。三个月过去了,陈子麒用事实证明他并非烂仔,而是一个拥有许多优点的孩子。我到过陈子麒的家,他有一个尽职尽责的父亲(这是事实,陈子麒的父亲是一个很优秀的男人),他的爷爷,90岁了,积极、认真、阳光地活着,生命能量相当强,我对他老人家简直佩服得五体投地。大家说,陈子麒生活在这样的家庭里,可能是烂仔吗?就算以前大家评价他是烂仔,我以为,那也只是陈子麒扮酷,装烂仔而已。"

现在,陈子麒正在稳步前进,即使进步很小也是进步。我絮絮叨叨地将此记录下来,旨在提醒自己:没有"差生",只有差异。教师一定要用一颗澄明干净的赤子之心看待学生,这样就会发现学生往往都是干净的,并有可能一直朝着干净的方向前进。

三、因材施教,巧言助学

班上分到两个"不省油的灯",一个叫作陈子麒,之前是五班有名的老油条。据五班班主任说,这是一个不学习又惹事的主儿,很难搞定。我代了五班一周的课,事情没见他惹出来,不做作业不听课倒是真的。另一个叫周维贤,之前是三班的,一头黄发,出名的懒王。

这两个主儿恰好又坐在教室的最后一排,那真是独居一隅,自成一家。我在的时候,或许惧于班主任的威严不敢造次。但只要我一转身,他们就像无笼头的马,四处伸颈张望小话连篇。要不就是趴在桌上养精蓄锐,等到下课时到处招摇拉风,迟到已是他们的家常便饭。

观察两天,凭借多年的阅人经验,我知道这两个孩子本性不坏。坏的是他们常年养成的拖拉懒散的习惯,以及长期被老师和同学定位成"屡教不改,没有希望",于是他俩也就破罐子破摔了。

既已是破罐子,我知道想一下子补起来是不可能的,只能慢慢把破了的碎片找到,把黏合剂炼制好,再行修补。

于是,我约陈、周二人于周三上午第三节课间到德育办公室来面谈。

两个孩子没把我的话当耳旁风,如约而至。从这一点来看,他们起码算是守约的孩子,我对他们充满信心。

或许是因为约谈地点在德育办公室(由于我的办公位置还没调整好,学校临时在德育处给我安排了一个位置),两个孩子都很局促,不知所措地搓着手。

我看他们紧张,笑呵呵地说道:"别那么紧张,你们没有犯错,我不是找你们兴师问罪的,我只是想和你们聊聊,像朋友一样说说话。"

两个孩子勉强扯着嘴巴苦笑了一下。看样子,他们并不相信我找他们只为了像朋友那样说说话而已。

我首先看着挨我最近的陈子麒,笑着说:"你知道吗?在五班时,你是我第一个记住的人。为什么呢?因为你姓陈啊!而我就来自陈毅元帅的家乡,所以,我对姓陈的人特有好感。还有,我欣赏的诗人陈子昂,也跟你一样是陈姓人家。再说了,翻开中国历史看看，有好多姓陈的名人贤士哦。"

陈子麒听我这样一说，竟然有点难为情地抿嘴笑了起来。看来，不管是谁，都喜欢糖衣炮弹的轰炸。

随后，我又说："麒，是一种神兽。注意，是神的坐骑呢。据说伏羲、舜、孔子等出生时都伴有麒麟出现。由此可见，你的父母在你的名字里取'麒'，言下之意就是希望你的人生顺达。你看看，就凭你这名字，你就是一个有作为的人！"

我这一番吹嘘，竟然把陈子麒吹得有点飘飘然了，他满脸笑容地假意谦让道："我不行的，我的坏习惯很多。"我笑着说："你看，你都知道自己有坏习惯了，这就是有自知之明啊，能自知的人，今后都会成为能干的人！"

一旁的周维贤听我说得一本正经，嘟着嘴忍俊不禁。我赶紧指向周维贤，说："你看你的名字，周，多好的姓氏啊，盛世王朝定鼎之名。还有那个'贤'，是什么意思？就是'有道德、有才能'，如果要组词的话，可以组贤德、贤明、贤能。这样吧，我今天就把这三个词送你了，从今以后，我就这样来定位你：贤德、贤明、贤能的周维贤。"我一边说，一边撕下一张快易贴，哗啦几下就把"贤德、贤明、贤能"三个词语写好了，然后递给周维贤。没想到先前还抿嘴偷笑的周维贤竟然虔诚地双手接过写有"贤德、贤明、贤能"的小纸条，说了声"谢谢"。

话说到这里，应点到为止了。于是，我让两个孩子回教室。

下午去教室，我有意走到陈、周二人身边，拍拍他们的肩膀，小声说道："你们的名字，意蕴深厚哦，可别辜负了。"两个孩子羞赧一笑，吐吐舌头。我敢肯定，从前绝没有老师这样去分析他们的名字。有人说小孩天性好玩，其实我的性格里也有好玩的成分。

我一直都这样认为：只有会玩能玩的老师，才不会被学生玩弄。

陈、周二人的积习已久，怎么可能仅凭我几句玩笑话就改正缺点呢？所以，两个孩子除了看见我立即装模作样收敛外，其余时间，都是外甥打灯笼——照舅（旧）。

昨天下午换座位，经深思熟虑后，我把陈、周二人换到了第一排。尽管他们不乐意，但他们因自身个子不高，也不敢说什么。晚修前我到教室，其余孩子都到了，唯独陈、周二人不见踪影，问其他孩子，个个不知内情。

等我下楼的时候，陈、周二人竟然慢腾腾地上楼了。我笑着说："正好我要找你们聊天呢。"两个孩子紧张地问："在哪里聊？"我笑笑，说："到架空层去聊吧，那里没人，很安静，正适合聊天。"两个孩子无奈地跟着我朝架空层走去。

走到架空层，我说："那么多凳子，我们坐着聊。"两个孩子赶紧去帮我搬了一把凳子，然后局促地站在一旁，说："我们不坐，老师坐。"我笑着说："谁说你们不坐？我们不过就是聊天，又不是审问，你们站着，我坐着，我多有压力啊，不行！你们也得坐着。"两个孩子没办法，只得各自搬了一把凳子自动坐到舞台下面的光亮处。我说："咱们不坐这里，这里太亮，不舒服，我们坐在那边的暗影里去。"说完，我提着凳子朝架空层的暗影里走去。

读到这里，读者或许有疑惑，不就是师生谈心吗？干吗还要坐到暗影里去？其实我在此处运用了心理学中的一个"黑暗效应"。周三在办公室谈话，大白天的，又在德育办公室，他们多紧张啊。还未进门，他们的心里就认定我要教训他们，所以，我还没说话，他们的思想已经武装成铜墙铁壁了，我怎么能攻得进去呢？而在黑影里就不一样了，他们看不清我的表情，又是在休闲的地方，所以他们不会对我产生戒备，相反还会产生亲近感，觉得我很体谅他们，给他们面子，顾及他们的感受。

果然，谈话比周三上午放松多了。通过交流，我了解到两个孩子的家庭情况，以及他们初中时的表现，还有他们距离学校的路程，等等。

末了，我故意装可怜，说："你们看老师，多可怜啊。一个人来到这里，人也不认识，路也不认识，想去逛逛街，连方向都不知道。我想到公明友谊书城去买些书，也找不到地方。这个周末，我想请你们给我当向导，带我出去玩，怎么样？"两个孩子大吃一惊，惊疑地"啊"了一声。我笑着说："怎么，不愿意啊？老师举目无亲，你们都不帮我？"两个孩子赶紧说："不是，不是，我们明天答复你，好不好？"我笑着说："好，我等着你们的好消息。要是你们不带我出去玩，我就只有一个人窝在家里了，哪里也不敢去。"

说完，我起身提起凳子，说："咱们今晚就聊到这里，你们进教室去上晚修吧。"两个孩子顺从地起身把凳子放回原处，然后朝教室走去。走了几步，周维贤竟然回过头来感激地对我说："谢谢老师教导。"我笑着说："哪里是什么教导啊，只不过是朋友聊聊天而已。我有个请求，明天你们两个做下试验，看能否不迟到。"两个孩子"嗯嗯"应着回教室去了。我在架空层做了个深呼吸，伸了个懒腰，吐了一口幽幽之气，便"啪啪"踩着高跟鞋摇曳着回家了。

今天，两个孩子坐在第一排，老实得不得了，为了不迟到，连下课时间都不出去玩。直到下午第三节课间，我看他们很疲惫，也很无聊，害怕他们忍得太久心生厌倦，就叫他们出去走走，只是别走得太远了。两个孩子像是得到大赦一般,雀跃着朝教室外走去,陈子麒一边走还一边说:"哎呀,差点崩溃了。"我笑着说:"坚持了一天,只是差点崩溃,还没崩溃嘛,有效果,继续努力啊!"

  如果说陈、周二人今天的表现是一种进步的话,那么他们两人答应周日带我出去玩则让我看到了二者继续进步的希望。只是,这条转化之路注定很长,我得有足够的耐心、包容心及智慧才行。因为,我不是在和坏人作斗争,我是在和坏习惯作斗争啊!习惯的力量有多强大,我的敌人就有多强大。我要想成功转化两人,就得比我的敌人还要强大才行!

针对抑郁质人格的保护措施

一、打开抑郁质人的心扉

昨天晚修中途，隔壁六班的班主任王老师在教室外叫我。我应声而出，纳闷地看着王老师。王老师没有说话，伸手把我拉到厕所旁的僻静处，小声说："你班于寒今晚打电话问我要级长的电话号码，我没有立即给她，而是盘问她要级长电话号码干啥。于寒开始支支吾吾怎么都不说，后来憋不住就哭了。我耐心地问她究竟是怎么回事，她说今天下午你们班有男生欺负他，还说给她拍了照，传到微博上去了。我担心把问题闹大，所以就劝了她一阵，叫她先别找级长，由班主任来处理这个事。"我大吃一惊，想不到乐美家族会发生这等恶心事，我竟然还蒙在鼓里。好在王老师古道热肠，不然，事情捅到级长那里去，以级长的火暴脾气，我定会被她不分青红皂白地指责一顿。王老师看我一脸惊疑，反过来安慰我，说："你也别着急，这个孩子嘛，我了解，我以前是她班主任。她比较内向，不喜欢与人接触，加上眼睛高度近视，可能有点自卑吧。"

谢过王老师后，我赶紧折回教室，叫出于寒的同桌张嘉，问："你觉得最近几天于寒心情如何？"张嘉歪着头想了想，说："没啥变化，老样子。她本来就不喜欢说话，不喜欢与人接触，有时想得太多了。"我笑笑，问："那她都想些什么呢？""嗯，我也说不清楚，总之，她的想法跟我们不一样。我们觉得没啥大不了的事，她觉得大得很。""那你有没有发现班上同学欺负她？"我问。"嗯，没有。"张嘉思索片刻，断然地摇摇头。"我是说语言上的暴力，有没有？也就是讽刺、谩骂啊之类的。"我问。"嗯，没有，从来没有人讽刺她。她那么老实，从不招惹别人，没人欺负她的。"张嘉十分肯定地回答。

这么说来，于寒虽然内向、老实，但她低调，与人为善，又很勤快（由于眼睛高度近视，所以她不参与课间操，但她从来没有闲着，总是主动把教室打扫得干干净净）。这样的女孩子怎么会遭到男生的辱骂，甚至拍她的照片上传微博呢？这会不会是讹传？

于寒不在，她的同桌也不清楚状况，骂她的人又找不到，怎么办？以于寒那样内向、自卑的个性，万一她想不通，做出什么事来咋办呢？

心念于此，我赶紧到办公室给于寒打电话，打了两次，均无人接听，只得无功而返。

所有的线索都断了，我只能安心在教室里看班。

晚上回家，我再打于寒电话，仍然无人接听。唉，没办法，我只得洗漱上床休息。谁知刚上床，于寒竟然主动打来电话。我故意装着不知情，问于寒找我有什么事。电话那头是短时间的沉默，然后重重地叹了口气，幽幽地说："老师，我明天可不可以不去上课？"我故作惊讶地问："为什么呢？""总之，我心情不好，我不想见到一些人。"于寒听我追问，说了一个含糊的理由。我关切地继续询问："你为什么心情不好啊？可否告诉老师呢？或许我能帮你呢。还有，你不想见到哪些人啊？"于寒没说话，但也没挂电话，电话那头是长久的静默。我焦急地说："于寒，你不告诉我实情，我怎么帮助你呢？我又有什么理由同意你请假呢？"说到这里，电话那头的于寒终于崩溃了，她哭着说："老师，我的心情坏透了！我想不通他们为什么要欺负我。"我一听，做出一副气坏了的样子，拔高语调，正气凛然地说："于寒，别怕！有老师在后面为你撑腰，你要大胆地把欺负你的人抖出来，找他们讨回公道！对于这种人，你越是忍让，他们越是欺负你！这次，咱不怕，咱们狠狠地教训那些欺负你的人啊！"或许是我强有力的支持让于寒找到依靠，她的哭声没了，口齿清晰地说道："我也不是很清楚，也没听清楚他们在说我什么，但肯定在说我，还说拍了我的照片，要传到微博上。其他人我不认识，但有两个人我敢肯定，那就是靠后门坐的那两个男生。"我安慰于寒道："好！我知道是哪两个人了，明天，我就帮你讨回公道！这样吧，如果你觉得心情实在调整不好，那我准你明天的假，你好好在家里休息，等我的消息。总之，你要相信，我一定会秉公处理的。现在时间也很晚了，我们都休息去，好不好？"于寒乖顺地应着，挂掉了电话。

我吁了口气，心里总算轻松了。不管事情如何棘手，于寒现在都还好好的。只要人好好的，其他事情再大都好办。我想清楚后正解衣欲睡,电话又响了,是一个陌生的号码,接通后声筒里传来女孩的声音,她自报家门,说是于寒的朋友。她请求我不要太着急去找男生,太鲁莽的话会令于寒更加难堪。我又是感谢又是安慰,说:"谢谢你的提醒,我会注意方式的,我绝对不会让于寒受到伤害。还有,于寒有你这个朋友真是她的幸运,你要多关心多开导她啊。"电话那头的女孩终于放心地挂掉了电话。

次日上完早修,我悄悄地把坐在教室后面的大华叫到办公室,故作神秘地说道:"有一件事情,可大可小。往大里说,人家可以起诉你,往小里说,学校可以让你走人(大华是这学期才来的),再不济也要把你从校篮球队驱逐出去。目前这件事还压在我手里,你看是让学校处理呢,还是就在我这里结束?当然,这一切都得看你的态度。"大华被我说得莫名其妙,紧张地问我:"老师,啥事?"我笑笑,说:"我提醒一下,昨天下午,辱骂别人,拍人家照片,上传微博,可有这回事?"大华一听,面红耳赤,嗫嚅着说:"有,我已经删了,我也知道不对。""很好,我现在问的是,你是想我把事情上交到学校,由学校和家长来处理,还是由我悄悄处理呢?"我郑重其事地问道。"请老师帮我处理,帮我把大事化小。"大华低声求饶道。我抿嘴一笑,说:"很好,既然你请我处理,我竭尽全力把事情的负面影响降到最低。现在我也不清楚状况,不好下结论,我目前所知道的,就是被你伤害的女孩心理严重受损,不愿意来上学了。你先把情况用文字表述出来吧,我可是要弄清楚真相才下判断的。"

大华哪里敢抵赖,接过我递给他的纸笔,坐下就低头奋笔疾书。写好之后毕恭毕敬地双手呈给我,我接过一看,没于寒说的那么严重。就是他们看见一个男孩和一个女孩在疯闹,很不爽,咕哝了几句，说要拍照传微博。我心中狐疑，于寒连挨着男生坐都要哭一场，她会跟一个男生疯吗？会不会搞错人呢？我问大华："那个女的，你认识吗？是谁？"大华稍作沉吟，说："不清楚。"大华没说谎，他确实不清楚，因为他是这学期才转来的，又是坐在最后一排，每天还要到篮球队参加训练，在教室的时间并不多。陈述里也表示他只认识两三个人，并且都是他周围的同学。

不管认识与否，骂人和拍照是事实。就事论事跟大华说了一通道理后，我说："既然伤害已经造成，唯一能做的就是承担责任，及时补救。如何补救呢？我建议你写一封书面道歉信，等于寒来的时候再当面向她道歉。当然，这个道歉不需要在大庭广众之下，我们可以找一个僻静的地方悄悄把事情解决了。"大华感激地点点头，对我所言莫不应承。

下午，我打电话给于寒，说："大华已经认识到错误了，也写了一封书面道歉信，你来学校的时候，他当面给你道歉。"我还没说完，于寒就在电话那头拖长声音说道："不要，我不去，我不想见到他。"我没再多说，妥协道："那行，你也别着急，把心情调整好，我还要调查另外一个同学，等我与那个同学见了面，我再跟你联系啊。"

另一个同学是谁呢？就是大华的同桌韩正章。韩正章是老生，比大华熟悉班里的情况，认识的同学也比大华多。当初之所以先找大华，就是因为大华初来乍到，心理防线不如韩正章牢固，容易进攻。

大华已经把事情全抖搂出来，韩正章没法狡辩，三两下也就招供了。只是两人招供的事实虽一样，牵涉的当事人却不同。大华不认识人，我说是于寒，他也就承认是于寒。可韩正章的招供却是：

被拍照的是他前桌刘玄而非于寒，遭他们起哄的是邻桌的薛灵也非于寒。这么说来，当事人是刘玄与薛灵，跟于寒是八竿子都打不着。

那么刘玄与薛灵，为什么不介意？难道他们不知情吗？我去询问当事人，回答令人啼笑皆非。刘玄说："那有啥啊，开玩笑嘛，谁当真啊？"薛灵则茫然又迷惑地说："他们没骂我啊，嗯，我不觉得那是骂，我无所谓。"两个当事人都无所谓，我有什么好在乎的呢？只能语重心长地告诫两个犯事的孩子："不管是谁，我们都要尊重，不是所有人都能把伤害当作玩笑的。"两个孩子一听说当事人不追究责任，满面灿烂。我笑着说："麻烦反正都惹上了，也就麻烦到底了，你们还是亲口给于寒解释一下，告诉她你们并没有针对她，叫她不要难过了，行吗？"两个孩子倒也懂事，虽然被于寒误解了，但还是爽快地答应我向于寒解释。

这么说来，这一切皆是由于寒神经过敏瞎猜造成的。可她为什么会神经过敏呢？这里面肯定有故事，我一定要挖掘出来，帮这个孩子一把，否则今后进入社会，要怄多少气、伤多少心啊！

二、为敏感心灵编织保护网

当我把真相告知于寒，说明这段时间她所谓的有男生背后议论她，甚至拍她照片传微博，都是子虚乌有之时，于寒在电话那头沉默了。随后，她发出一声释然的长叹。我接着说："虽然大华和韩正章没有骂你，但他们还是为自己的行为令你产生不安感到过意不去，所以，他们愿意跟你当面解释。当然，不是在大庭广众之下解释，我们可以在一个僻静的角落冰释前嫌。"于寒连忙拒绝："算了，不用了。"言语虽短，但不经意间透出一丝快乐。"那你明天就来上学,就当什么事都没发生啊,再说,本来就没发生任何事情嘛。"我笑着说。"嗯,谢谢老师。"于寒在电话那头温顺地应着我。

事后我跟于寒的原班主任说起这件事。王老师笑着说:"我当时就想,她可能是神经过敏了。"是的,于寒是有点神经过敏了,关键是,她为什么会神经过敏?人家没有指名点姓地骂人,她也没听到任何一句针对自己的话,为何就咬定是在骂自己呢?仅仅根据那几个孩子谈话的尾音和当时放纵的气氛就得此结论,她为什么会有这种推想呢?

依据孩子们的反馈,于寒是个性格内向、胆子小,不善交际,朋友圈也很小的女孩。她总觉得这个社会处处布满陷阱,因而不敢越雷池一步。

而据于寒自己说,每到一个新环境,她总是要花很长的时间来适应,也就是说,她的适应能力很弱。

于寒的原班主任也告诉我,于寒心灵脆弱,又比较敏感,所以总觉得自己很受伤,但事实是根本就没人伤她。

如此说来,问题的根源还在于于寒,为何她会有这些难以理喻的想法呢?

或许是因为于寒心里极度自卑,像个鸵鸟一样小心地埋首蜷缩,外面稍有风吹草动,她的内心就会惊恐不安无所适从。

这么说来,于寒缺乏的是自信,她还没有学会悦纳自我,还在心底不断地自我排斥。

我该如何去帮助她呢?

周一的班会课是要和孩子们分享一些哲理名言的,我完全可以不露声色地塞一句专门鼓励于寒的话进去啊。想好后,我在课件里植入一句：活得漂亮才是真的漂亮。

往后，我要着手培养于寒的自信心。那么该如何培养呢？

首先，要让于寒学会悦纳自我。我想，最好的办法不是告诉于寒怎么悦纳自己，而是送一本书给她读。这本书就是德国作家妮娜·拉里什-海德尔的《爱自己》。我相信于寒读完这本书，以她的资质应该能够开拓出一条接纳自我的道路。

其次，帮于寒在同学之中树立良好的口碑，再反馈给她，让她利用同学这面镜子，看清楚自己在同学和老师心中的地位。

再次，帮助于寒建立一个多元的朋友圈子，以免她陷入孤立无援的伤感之中。

我相信，通过这些手段，于寒一定能找到自信，从而快乐地在乐美家族学习、生活。当然，最重要的是，于寒今后的人生才不会单调，才不会陷入哀怨和受伤的心灵沼泽里。

于寒还是一个未成年女孩，她的人生之路漫长，完全有资格享有快乐幸福的人生。而我，应该是那个为她编织幸福之网的首席织网师。

做情感路上的摆渡人

一、无差别接纳"问题少女"

早在第二周,教学主任就跟我说,他要放一名女孩到我班上。我问女孩在哪里,教学主任说孩子还在老家,现在由哥哥带着,顺道补一下功课。

既然是学校安排的,我也没啥好说的,点头应承。教学主任见我答应了,笑着解释,本来想放六班,考虑到六班班主任年轻,经验少,怕她搞不定这个女孩。

教学主任不说还好,一说我反倒不安了。这究竟是什么样的女孩?有什么通天本领?六班班主任已经是个很优秀的班主任,她都搞不定,放我这里同样头痛。

德育主任听说这件事后,忧心忡忡地告诉我,这个女孩子本来是要做清退处理的,她家人说把她转回老家读,也就不了了之,没想到她又回来了。

我心中一惊,问德育主任:"怎么回事?"

德育主任叹了口气,说:"迟到、不爱学习尚且不论,她还早恋,离家出走,家长也不怎么讲理,明明是在家里走的,还赖学校。你说,孩子不听话家长又不讲理,这样的学生放到学校来,得给老师增加多大的负担啊!把她放你班上,和你班那个薛灵搅和在一起,有你忙的。"

原来这个女孩还有这么复杂的成长背景,这对我来说,的确是一个很大的挑战。心里想反悔,可我已经答应了教学主任,不管怎样都只能伸手接着了。

周一上午,我在办公室办公。教学主任领着一对中年男女,后面跟着一位身材高大却满脸稚气的女孩,走到我面前,指着女孩说:"这个就是我和你说要放你班里的学生,叫娜娜。"再反手指着中年男女对我说:"这是她的父母。"我微笑点头。教学主任又指着我向娜娜一家介绍:"这是班主任,你们先谈谈,我有事就先走了。"娜娜的父母谦恭地朝教学主任点点头,然后忙不迭地问我需要办哪些手续。我找了两把凳子请娜娜的父母坐下,笑着说:"不急,先聊聊吧。"

娜娜的父母一坐下,不等我开口,就像竹筒倒豆子似的噼里啪啦地向我倾诉:"老师啊,请您多费心,把我这孩子管严一点,您就是打,我们也不会责怪的。"夫妇二人一唱一和地请求我一定要把孩子管严,不给她请假,不准她外出,等等。夫妻俩和我寒暄几句,又彼此嘀咕了一阵。没想到的是,他们嘀咕的都是四川话,那他们一定是四川人了?一问,果然是四川人,还是四川南充人。

俗话说"老乡见老乡,两眼泪汪汪",我脑内灵光一现,马上抓住交流的契机,说:"我也是四川人啊,离南充很近的,坐车两个小时就到了。"夫妻俩一听我是四川人,又惊又喜,语气比先前更热情,同时也轻松许多。扭头对着女儿说:"听见没?钟老师也是四川人,你可要听钟老师的话啊,别给四川人丢脸!"

一阵畅谈之后,娜娜的父母千恩万谢地走了。等他们渐渐走远,我叫娜娜挨着我坐下,说:"你没来之前,我对你的情况就有所了解,比如不守学校规矩、离家出走等。但这都不要紧,因为那是过去的娜娜,我现在看到的娜娜是一个干净如水的女孩,所以,你想做什么样的娜娜,你都做得到!"

或许是老乡的缘故,娜娜在我面前竟然一点都不拘谨,落落大方地向我点头微笑。我笑着问她为什么对学习毫无兴趣。"因为我的基础太差了,学不懂,所以就不想学。"娜娜说。我说:"如今是消除这个障碍的时候了,因为你选择了艺术班,学的是文科的内容,利于女孩学习,这不应该是你拒绝学习的理由了。"

"我还听说你不爱遵守学校的规则,是吗?"我仍然笑着问。娜娜没有辩解,羞涩地点点头。我说:"对具体的人而言,未必每条规则都有意义,但如果我们都不遵守这些没有意义的规则,会造成不必要的麻烦,致使管理成本增加,也会让一些心怀不轨之人钻空子。所以,规则必须遵守,明白吗?"娜娜睁着一双水汪汪的大眼睛,温顺地点点头。

"至于你离家出走这事,想想就后怕,万一走出去遇到坏人怎么办?还有,你的父母当时多担心啊。这说明你太任性了,做事不考虑父母的感受。所以,今后不管遇到什么事,最积极的做法就是冷静下来,然后思考解决的对策。你们可是一家人啊。"我软语温言地劝说,"总之,我希望你好好珍惜这得之不易的读书机会,自己和自己比，每天进步一点点，不要让我难堪，也不要让陈主任（教学主任，也是四川人）难堪，更不能让你的父母丧失尊严，当然，也要用行动告诉别人，咱四川人可都是勤奋刻苦的哦。"

我和娜娜的谈话到此结束。之后，每次见到娜娜，她都友好大方地跟我打招呼。一次，她偶然看到了我的书，竟然张着嘴惊呼起来，继而崇拜得不得了，很想借阅，我笑着说："这本书马上就要送人了，我手上没了。"娜娜马上问我："那在哪里可以买得到？"我笑答："在网上，当当、卓越、淘宝，都可以买的。"娜娜拍手雀跃，说："那我一定要去买，我要买来读。"

掐指算起来，娜娜到乐美家族快两周了，除了在她不喜欢的课上打点瞌睡，进教室迟缓一些之外，未曾出现什么过失。

下午考试的时候，正好我监考。开考过去10分钟，娜娜还没到考室。我心里纳闷，难道这孩子又犯老毛病了？我因为监考走不开，身上又没带手机，心里像油煎似的。后来看见教学主任经过，我赶紧截住他，请他帮我看一会儿，自己一路小跑着到办公室想办法联系娜娜。路上碰到德育主任，问我跑啥，我说娜娜没到教室考试，我打电话问问。德育主任叹口气，说："这孩子，真是不长记性。"

到了办公室，我查看手机，天哪，哪里有娜娜的手机号码？不过还好，娜娜父亲的号码我倒是有。于是赶紧给娜娜父亲打电话，娜娜的父亲给我解释说："娜娜没有手机。"我说："那没事，你现在赶紧给她生活老师打电话，我还得去监考呢。"说完，我就朝我负责的考室走去。

回到考室，我瞄了眼娜娜的位置，还是空的。心里更加焦灼，看来这个女孩真的是不乖，这一路的风雨相伴，只怕要耗费我很大心力了。

坐在考室里,我笔挺着身子,心里却是千思百虑。思绪纷飞之时,娜娜慢腾腾地走进考室,抬眼看见是我在监考,脸上露出一丝惊讶,又略带不安,站在原地不敢挪步。我没说话,只是用眼神示意她赶紧回到位置上考试。

离考试结束时间大概还有几分钟,我看娜娜坐在位置上无所事事,于是提笔写了一张便笺趁考试结束收卷的时候递给她:

娜娜:

下午考试,你迟到了,为什么呢?我急得不得了,一没你电话二没宿管电话,唯一的线索就是你爸爸。只好打电话叫他想办法通知你。你解释一下,这是为什么呢?另外提醒你注意,你得到这个读书机会不容易,不要令大家操心,你该学会长大了。咱们四川人都是很要强的,也是不服输的,你可别让我失望啊!

收完卷子,娜娜把我递给她的便笺还给我,背后写着几行字:

对不起,我以为没那么早考试,所以起床晚了。嗯,我会注意的,不会让你们失望的。

娜娜的话是否属实,还有待考证。但从这张便笺里,无疑可以看出娜娜至少存在"不善聆听,对学习相关之事漠不关心"的问题。为什么这样说呢?考试时间和考试安排我都是再三强调的!通知之后担心有些小孩不听课,耽误了考试,我又把考试安排表贴在教室后墙上,提醒他们万一忘记了就去后墙看。可是,娜娜却说她不知道,这足以看出她根本就没关心过这件事。任何事情,如若当事人不上心,不把它当回事,老师再怎么努力也是徒劳!这件事虽小,却也告诉我,对于教育事业,无论外在做得多么漂亮精彩,或者设想得多么无懈可击,只要孩子没装进心里,教育就没有用!

二、疏导早恋情结

从外在行为来看，娜娜不是一个乖女孩，却也称不上坏女孩，她只是一个心思简单、不懂得为自己规划的傻女孩。

上学期她因早恋和家人产生冲突而离家出走，把家人和老师吓得六神无主，也因此受到学校处分——劝退。这学期开学，她的父母把她送回老家，待了大概半个月，因家乡条件太差遂又回到深圳。找不到合适的学校就读，她的父母只好到我们学校苦苦哀求，打动了教学主任。教学主任又悄悄跟我说，希望我能收下这个孩子，大家都是四川人，相互帮衬一下。

实际上，我收下这个女孩，并非是看老乡的情面，而是身为母亲的我，不忍心看着另一个母亲伤心。

虽然我答应接收娜娜，可学校德育处为保险起见，还是与娜娜及其父母签订了协议，明确规定，只要娜娜再犯类似错误，就请家长领回家另请高明。也就是说，娜娜要是再犯错误，就会丧失读书的机会。在深圳，学位很紧缺，像娜娜这种成绩差、行为逾矩、个性另类的孩子，是很难找到学校的，即便找到也是很容易被扫地出门的。

自此，娜娜成为乐美家族的一员。不过，娜娜虽下定决心洗心革面，但终因功力不足自毁诺言。比如她很想认真学习，但在理科方面几乎是一张白纸，听课如同听天书。起初她还能自我克制，时间一长，就忍不住和前后左右的同学说小话，前后左右的同学若不搭理，她就闷头睡觉。此外她行事拖拉懒散，据娜娜哥哥说，娜娜的拖拉懒散的功力已臻化境，要想改变她就得付出百倍的耐心。我觉得娜娜哥哥一语中的，所以我坚持每天不厌其烦地提醒她按时晨练、按时到班、按时完成作业。这样做的依据就是美国著名心理学家拉施里（Karl Lashley）的记忆实验：一种行为重复21天就会变成习惯性动作。可是，这个理论在娜娜身上并未得到有效验证，她还是没有彻底改掉拖拉懒散的毛病。最麻烦的还不是娜娜的学习和习惯问题，而是她特别容易动情。从家庭教养的状况来看，娜娜是不该有早恋倾向的。她家庭和睦，不缺父教，还有一个比她大两三岁的亲哥哥。生活在并不缺爱的家庭里依然存在严重的早恋倾向，只能说明娜娜本身容易被异性俘获，父母的溺爱令她更加任性。当然，这与她的价值观也有一定关系。

两个多月来，娜娜就在时好时差的状态中前行。虽然走得缓慢，但毕竟在向前，所以我对娜娜满怀希望。而我，又时常把这种希望传递给她，因此娜娜对我也是充满信任和敬重的。

对待娜娜，我要拿出百倍的耐心来陪伴她，在风雨中与她并肩前行。我相信终有一天，娜娜会独自飞翔的。

对于转化娜娜，我预设的都是理想状态，也是我的一厢情愿。而真实的情况是，娜娜又恋爱了，而且是不顾一切地恋爱。

发现真相之前，我从未想到这一点。因为娜娜上学期才为一个男孩离家出走，时隔不过两个月，还不至于移情别恋。可是，当我昨晚亲眼看到娜娜与一个男生在女生宿舍与教师宿舍的巷道里搂抱着时，我不得不相信娜娜移情别恋的事实。

这实在是太疯狂了！他们竟然旁若无人地在一个并不隐蔽的地方搂抱。要不是我亲眼所见，实在难以置信。我惊诧得都不知该如何处理了，只是重重地咳了两声，然后拖长声音若无其事地唤着："娜娜，娜娜。"

娜娜听出我的声音，猛地一惊，与搂着的男生倏然分离，吓得各自转身落荒而逃。我没有追去，只是定定地站在原地，任夜风吹拂我的长裙，吹乱我的长发，然后一个人闷闷地回了家。

其实是我的疏忽。孩子们不懂得写记叙文，我千方百计地要教会他们；不懂得写议论文，我挖空心思去辅导他们；就算有孩子不知道鲁迅是何许人，我都能耐心地告知他。可是，当孩子需要学习处理自己的感情时，我在哪里呢？我为什么不去教会他们呢？

今天早上，我起得很早，进教室也很早，竟然破天荒地发现娜娜比我还早。我没有正眼看她，就好像我根本没见过昨晚那一幕似的。

一整天，我都没理会娜娜，也没提这件事。我只是偷偷地观察娜娜，发现她也在不安地窥视我。直到晚修前，我才走到娜娜身边，若无其事地说："我觉得今天你应该同我约会。"说完，我转身出教室直接回办公室。

到办公室坐定，娜娜竟然也跟随而至。我起身，笑笑说："办公室人多，不好说话，咱们到楼下树荫里去约会。"说完，我背起包就朝楼下走。娜娜顺从地转身，跟在我后面。

下楼的时候，我故作轻松地问娜娜今天过得怎么样，娜娜小声地回答："很乱。"我笑问原因。"你对我肯定很失望。"娜娜回答得很小声，声音里带着一丝胆怯。"我没有失望，我只有自责。"我淡淡地说道。

师生两人一路对话一路走，不经意就走近光明小学的栅栏处。我指着栅栏上的花说："这花多美啊。爱情也如花一般美，但是，我们的生活不只有鲜花和爱情啊。爱一个人没有错，可如果彼此的爱影响彼此的健康成长，那么这样的爱就是有罪的！你看看你最近一段时间，状态多差啊！如果说爱情的力量是强大的，那么你的生命就应该呈现出奔跑的姿态啊，可是你却变得颓废和消极，这说明什么？说明你们的爱情还停留在本能的需求上，根本没有上升到精神层面。真正的爱情是什么？就是用自己的生命去衬托另外一个生命，让那个生命发出绚丽的光彩。"说到这里，我突然意识到这些话对孩子来说过于主观而深奥，娜娜未必听得懂，于是赶紧住口，笑着说："咱们到操场去走走。"

我和娜娜漫步在操场的塑胶跑道上。我先是检讨自己的工作没有做到位，忽略了他们的情感需要，没有及时帮助他们处理自己的情感问题。之后，我又问她喜欢的男生是哪个班的，是一个什么样的男生。娜娜如实告诉了我。最后，她说喜欢那个男生的理由是"他是个好人"。我不知道娜娜口里"好人"的标准是什么。问她，她自己也说不清楚，只是感觉他是个好人。

随后，我又给娜娜普及了一些性知识，叮嘱她如何保护自己。

自始至终，我都没有斥责娜娜，更没有对她进行道德评判。所以她表现得很轻松，也很诚实，把她和男生的交往情况一股脑儿全告诉了我。

和娜娜分手时，我说："今晚你比较压抑，回去好好梳理一下自己的思绪，如果有什么想法，或者有什么困惑，你写下来，明天交给我，我一定会帮你的。另外，对于这件事，不要张扬，知道的人越少越好。我和你是一条线上的，我会帮助你处理好这段感情，不会让你受到伤害，明白吗？只是，我要表明我的态度，我是不支持中学生谈恋爱的，我帮助你，是希望你从中收获美好，而不是伤害。"

娜娜点头，说了声"谢谢老师"。师生两人背向而行，她回教室晚修，我回家里写作。

中学生早恋，早已不再是地下秘密，而是大家都心知肚明的一种现象。可是，我们该如何对待这种现象？我想，应该是帮助而不是打击，是理解而不是曲解，是疏导而不是堵塞，是指导而不是处分。总之，身为老师，要从人性的角度出发，真心体谅并帮助这些孩子渡过他们的情关。

三、化情感为前进动力

今早去教室，娜娜递给我一张纸条，展开一看：

老师，跟你谈完话之后，我整个人都轻松许多，不像白天那样神经紧绷。真的感谢你对我说的那些话，你不像其他老师。很多老师遇上这种情况就一味反对，告诉家长告诉学校，不顾我们的感受。我把你跟我说的话也对他说了，我们都相信爱情会成为我们前进的动力。我相信他也可以做到。短期内我都不会跟他有密切接触，我也要好好看看他有没有履行我们之间的承诺和约定。我也会做到最好。谢谢您的包容和理解！

看完，我展颜一笑，说："从今天开始，我希望看到你的生命迸发出激情，你能做到吗？"娜娜羞涩地笑，抿嘴点头。

下午第七节课后，我找来娜娜悄悄问道："今天状况怎么样？"娜娜笑着说："我今天每节课都很认真呢。"我笑笑，说："那相比以前，有无收获呢？"娜娜肯定地答道："那当然有收获啊。""很好，接下来就是坚持的问题了，其实，万事都不难，难的是坚持，只要我们坚持住了，就胜利了。"我笑着说。

随后我拍着娜娜的背说："把他的电话号码给我吧，我想见见他，跟他聊聊。"娜娜有点迟疑，下意识捂着裤子的口袋。我莞尔一笑，说："我待你就像待自己女儿一样，有人喜欢我女儿了，我总得看看那个人长得怎么样，有无内涵，跟我女儿是否般配啊。"娜娜听我这样一说，扭捏着从裤子口袋里掏出手机，翻出那个男孩的号码，告诉了我。

拿到号码，我担心娜娜产生思想负担，说："你放心，不要有压力，我只是跟他聊聊，不是去兴师问罪。"

娜娜深吸了口气，捂胸离去。

待娜娜离开，我给那个男孩发了一条短信：××，我是钟老师，娜娜的班主任，我想与你聊聊，第八节下课，我在楼下小卖部的小桌旁等你，如何？你不要有任何压力，我不是兴师问罪，我也是关心娜娜的人之一。

男孩回了三个字：嗯，好的。

第八节下课，我准时等候在小卖部的小桌旁。等了大概两分钟，一个黝黑敦实的大男孩面带微笑略显拘谨地走到我面前。我笑问："你就是××？"男孩微笑点头。我拍着他的肩膀称赞道："嗯，不错，看你长相，就是一个挺厚道的男孩。"男孩听我称赞他，有些不好意思，但少了些拘谨。我说："我们先走走，耽误你吃晚饭，等下请你吃饭吧。"男孩马上推拒道："不用了老师，我等下和同学就在小卖部这里吃。"我再三邀请，孩子再三推辞，我也就不再勉强，与孩子在树荫里边走边谈。

我说："我待娜娜，就像待我女儿一样，我不想她受到任何伤害，你明白我的意思吗？"男孩点头，说："明白。""还有，我也要表明我的态度，我不支持中学生谈恋爱，我能宽容你们，并不是默许你们，也不是支持你们，我只是想帮助你们，现在你们的行为已成既定事实，我责怪也没用，我只是想告诉你们该如何做，才能避免伤害。"我说。男孩没有吭声，默默地点了点头。

说到正题，我看男孩又拘谨起来，赶紧转移话题，笑着问他："你的班主任对你有何评价？"男孩稍作沉思，说："老师说我固执、冲动。"我笑问："固执怎么讲？"男孩说："比如，我认定了一件事就要去做，别人劝告也没用。"我笑笑，说："固执还有一个意思是执着，如果你认定的是一件正确的事，并且行走的方向也正确，之后只要拿出你的固执一路向前就是执着，反之，就变成了偏执。"男孩摸摸头，赞同地说："是啊，事情过了之后，我想起是自己错了，又觉得后悔。""还有冲动呢？你举个例子说说，你是怎么冲动的？"我又问。"比如有一次，班主任叫我妈妈一个人从市里开车到学校找他，我心里很不爽，就跟班主任吵了起来。"男孩说。我说："心疼自己的妈妈可是好儿子啊，做儿子的，第一个要爱的人就是自己的妈妈，不过你长大了，应该学会平衡了，顾及妈妈的感受，也要顾及老师的面子，当大家面跟老师吵，很不好，也是你老师宽宏大量，要是换成我，哪个学生当众跟我吵，我肯定要气得大哭一场。"男孩赶紧解释道："后来我和老师私下谈过，消除了误会，现在我们像朋友一样。我们的老师，怎么说呢，有时是很霸气，说话也带刺，但好的时候也很好啊，比如他心情好的时候很好说话，也很幽默，还讲义气，对我们也很好。"

或许是因为抛开了令男孩压抑的话题，他的话匣子突然打开，叽里呱啦地跟我说了很多。甚至把他班上同学对我的评价都告诉我了，说我很开明，是个很不错的老师（我跟他们班一个男生聊过两次，还送了一本书给他）。

渐渐地，我和孩子聊得熟络起来，又把话题转移到他和娜娜的事情上来。我说："我想问你，你是不是真心喜欢娜娜？你想好再回答我。"男孩稍作沉吟,然后点头,肯定地说:"真心喜欢。""很好,既然是真心喜欢,那么你作为男子汉就要有担当,就要保护娜娜,怎么保护呢?我给你提几个建议:一、把对娜娜的感情上升到精神层面,要彼此鼓励,互相进步,我可是要向你班主任了解情况的;二、减少和娜娜的见面时间,你们都处在青春火热的时期,尤其是男孩,外生殖器、视觉、听觉、触觉都会引发你的性冲动,黏在一起的时间多了,很容易冲破身体的防线,一旦冲破防线,我想,后果你是知道的;三、你已经上高二了,马上要进行学业水平测试,之后就是高三,人生冲刺在即,所以,你得把自己的生命姿态变成奔跑的姿态,当然,也是给娜娜做一个榜样,同时,这也是爱的见证。咱们先做到这三点吧,你能做到吗?"男孩没有说话,只是很坚定地点头。

其实,零零碎碎地跟孩子聊了很多,只是我无法一下子全都写下来,只能把最要紧的谈话内容记录下来。我不知道这个孩子听进去多少,但如果不说呢,或者说不理不睬呢,他和娜娜的恋爱就无疾而终了吗?

恋爱本身是一道迷人的风景。但是,作为中学生,学业任务重,身体又处在成长阶段,人生观、价值观都还未定型,早恋纯属是在错误的时间做一件错误的事情。所以,最理想的状况就是他们不要涉足这道风景。可是,哪里有那么多的理想状态呢?真实的状况就是几乎每个孩子都想飞蛾扑火般扑进那道神秘的风景中去。我想我能做的,就是守住这道风景的关口,真诚地帮孩子把好这道关。

正确处理早恋问题

一、以疏代堵，利弊相告

薛灵是第三周从文科班转到乐美家族的。转科的理由是，成绩不稳定，读文科死路一条，所以转到艺术班来学美术，希望"曲线救国"能考上大学。

其实，持有薛灵这种想法的孩子很多。这种想法也没什么不对，既然前路不通，为何不转身呢？与其取长补短，不如扬长避短。

只是，薛灵是一个令人感到不安的女孩。

首先，听德育主任讲，这个女孩外表看似温顺柔弱，内心却十分执拗。她的很多想法已然脱离中学生轨道，上学期还有过离校出走的不良记录。

其次，听教学主任讲，这个女孩上学期和一个叫姚翃的男孩谈恋爱，关系非常亲密。教学主任透露消息时还做了一个双手搂抱的姿势,说:"他们不仅仅是在一起说说话,还有这个动作哦。"

要命的是,薛灵好像和姚翃密商过一样,竟然同时转到我班,还坐到一块去了。我当时不知道内情,也就未加劝阻。

其实,只要德育主任和教学主任所言那些过往之事不再发生,我也能装个糊涂不了了之。

可是,这种青春男女的情事,又怎可能不了了之呢?即使我想了结,他们也未必愿意啊。

两个孩子坐在一起,出格的动作倒是没有,但听课的状态就令人忧虑了。你看他们两人,要么是没精打采同时睡觉,要么是有气无力一起偷懒,要么就是把头趴在桌上互相深情凝望。如果两个孩子已经成年,没有学习负担,倒也称得上一对可叹可赞的痴情鸳鸯。可是,他们这是在教室,是在供学生学习的地方啊!教室里还有几十个鲜活的青春男女呢。

以我的经验,就是两位主任不跟我说,我也看得出他们两人不时地暗送秋波。只是,我没有轻举妄动。乐美家族才组建不久,两个孩子又是后来加入的,对班级和老师都还没产生认同感,贸然行事的话必然催生他们的逆反心理,到时跟我唱对台戏的只怕不止两个人。

观察了一段时间后,我决定先从薛灵入手。最起码要探探她的口风,听听她的想法。

晚修前,我把薛灵约到走廊的僻静处,说:"咱们聊聊吧。"薛灵似乎预感到什么似的,紧张地说:"还是算了吧。"我笑着说:"没啥大事,不要紧张,就是闲聊。毕竟你来这个班两周了,我还没跟你推心置腹地说过话呢。"或许是薛灵听我的语调轻松,所以没再拒绝，而是问我："谈啥呢？"我笑着说："你本来读文科读得好好的，怎么想着转科呢？""还不是因为成绩不好才转科啊。"薛灵不解我为何明知故问。我笑着说："那你转到艺术班的目的是什么呢？""嗯，没目的，就是想转科。"薛灵不置可否地说道。"你就没想过转到艺术班，要考个大学之类？"我故意启发道。"那肯定是想的。"薛灵肯定地答道。我说："说功利点，转科就是想考大学嘛。""嗯，呵呵。"薛灵点头承认，难为情地笑了起来。我接着说："不过我发现你做事总是比别人慢，这是常态还是到了这个班才有的？"薛灵竟然比先前爽快了，说："我本来就比别人慢半拍，我在初中就这样，我总是快不起来。老师，你是不是在责怪我没有时间观念？"

我笑笑，没有顺话回答，而是转了口风，说："比别人慢也不怕啊，你可以比别人早一点动身啊！还有，你上课的听课状态也很糟糕，很多时候都没听课，不是睡觉就是发呆，再或者是把头趴在桌上。你既然是要到艺术班考大学，这样只怕是……""空想！"我的话还没说完，薛灵竟然脆生生地接了出来。

"嗯，你脑子反应挺快嘛，我要说啥都被你猜着了。"我笑着说。薛灵嘻嘻地笑着，灯光虽然暗淡，但经过声音的提示，我看得出她脸上泛着得意的光芒。

"对了，你就这样一直空想到高三，那么你的梦想就会……"

"变成妄想！"或许是刚才得到了我的鼓励，这次薛灵竟然接得更快。

我哈哈一笑，拍着薛灵的肩膀说："果真厉害，又被你说中了。"薛灵笑得更得意了。我说："你在乐美家族不过两周，为什么我会知道你很多事情？"薛灵茫然地摇摇头。我笑着说：

"这下猜不中了？这说明我很关注你嘛！关注你就是关心你啊！我要是不关心你，怎么会关注呢？"薛灵本来纳闷，听我这样一说，又开心地咧嘴笑了。

我说："你看啊，你现在是空想，空想三年，最后变成妄想。为使梦想不成妄想，我建议你做些调整。比如时间上，你得抓紧了，不能总慢半拍。还有就是听课，不管喜欢的还是不喜欢的，都要认真听，文化课不能掉队，一掉，你照样是妄想。""嗯，我尽力吧。"刚才还活力四射的薛灵嘟着嘴巴瞬间恢复成最初那种懒洋洋的模样了。

不管怎么说，这番谈话下来，薛灵对我的戒备少了很多。我看时机成熟了，把头偏向薛灵，贴着她的耳朵悄声问："告诉老师，你谈恋爱没有？"薛灵一听，立即警觉起来，生硬地问道："我可不可以拒绝回答这个问题。"我微微一笑，说："可以，这是你的权利。""唉，拒绝回答实际上就是回答了。"薛灵叹声说道。"呵呵，谢谢你的信任。心里喜欢一个人，正常。我不会大惊小怪的。你要是真的对男孩啥感觉都没有，那才令人匪夷所思呢。人活在世上，哪个不渴望得到爱，或者去爱别人呢？爱总比恨好吧。所以，能爱，这是多么幸福的事啊！不过，既然能爱是一种幸福，为了使这份幸福更持久，就要会爱。要使自己爱得不受伤、不受损失，这才是积极的爱。如果爱得让自己的身体吃亏，学业吃亏，名誉吃亏，爱得一塌糊涂，一败涂地，那样的爱，是错爱，是畸爱。"

薛灵没有反驳，也没有觉得难为情，更没有觉得自己罪不可赦，而是幽幽地说道："其实，我只是想有个倾诉的对象。有时真的很烦，压力也很大。希望老师你别告诉我爸。""那我得看你的感情是怎么发展的,如果是积极的,利于你的成长,并且你又能理性地处理,不会让自己受到伤害,我自然守口如瓶。如果你的感情会让你受伤,会拖垮你的学业,我肯定要告诉你的家长,毕竟你的家长有知情权。"

说到这里,薛灵几乎是"缴械投降"了。她说:"老师,谈恋爱有时也是有积极作用的,我本来是没可能考上高中的。就是因为谈恋爱,他不断地鼓励我,我很努力很努力地学,最后才考上了高中。"我笑笑,点头,说:"嗯,我也相信积极的爱情是可以促进一个人成长的。我希望你能把爱情的积极作用发挥出来,我现在不仅要看到你的变化,我也要看到那个人的变化,你必须用事实告诉我,你们的感情是积极的,是有利于你们健康成长的。"

薛灵似乎轻松了很多,保证似的说道:"嗯,我一定努力!我也要让他努力!他上课要是不听课,我就揍他!"

我笑笑,拍拍薛灵的肩膀,竖起了大拇指鼓励她。然后师生两人转身回了教室。之所以谈到这里结束,是因为这只是一个铺垫,不需要说得太多,说太多会让孩子对我重重设防,那个时候我要打进他们的内部就太难了。

我读过孙云晓的《藏在书包里的玫瑰》,大量的访谈实录告诉我,很难杜绝高中生谈恋爱,除非他们本人没有那种意愿。我能做的,就是尽最大力量去帮助这些孩子正确地爱,不要从这种青涩的爱恋里收获痛苦的果实和后悔的眼泪,以及不可修复的伤害。

二、缓兵之计,调整距离

我本来想让薛灵和姚翃的座位保持原状一段时间。但上午的英语课上,薛灵和姚翃都在趴着睡觉。看来,薛灵并没有照她说的那样做，相反，还在肆无忌惮地释放她的随意和随便。

看来，我要是不动一动他们，他们还以为我懦弱无能呢！我之前开门见山地跟乐美家族的孩子说过，我是一个很温和的人，很少发脾气，也很难指责别人，微笑是我的招牌表情，平和阳光、积极上进是我的人生常态。同时我也是一个非常执着的人，执着得有些偏执，那就是：我绝不跪着教书！我绝不向学生的不良行为让步！

作为学生，你可以背地里骂我，可以当面不理睬我，可以怨我，可以恨我，但我绝不会为了讨好你而在原则之内让步！这是我的个性，既是为人的个性，也是为师的个性！同时，也是我作为一个母亲兼班主任的宿命！所以，带班二十年来，有孩子怨过我，也有孩子恨过我，但时过境迁，那些怨我、恨我的孩子，都认为我是他们见过的最好的老师！

只是，我要怎么动，才能让他们心中不愿意也不得不就范呢？还有，我该如何动，其他孩子才会配合呢？

薛灵嘛，最好是换到纪律委员景瑞的位置上。因为景瑞旁边是爱说爱笑的易思，景瑞呢，又是一个沙地的胡萝卜，只要有人轻轻一带，他跟着就出土了。还有林飞，是班里的体育委员，个子特别高，旁边挨他而坐的是他的旧同学尤杉，两个人关系熟稔，上课时不时要讲点小话。所以，我得分开他们，同时也想锻炼一下体育委员林飞，他性格内向且懦弱，虽行事负责，但刚性不足，执行力不够。

想好之后，我就找姚翙谈话。用脚想都知道我昨晚和薛灵的谈话内容已经被薛灵完全复制且粘贴到姚翙的脑子里去了。所以，姚翙一进办公室就是一副"任尔东西南北风，我自岿然不动"的神态。我低低地唤道："姚翙，坐我旁边。"然后我抬头伸颈四处看看，见周遭没有老师，我才开口，把声音压得很低，说道："姚翊，我不想绕弯子了，你和薛灵的事，学校德育处和教学处都向我打了招呼，他们已经盯上你们了，怎么办？"姚翊听我这样一说，大吃一惊，先前的敌对、不屑、冷漠完全消失了，取而代之的是焦虑和不安。我拍拍他的臂膀，柔声说道："我理解你们的情感，也尊重你们的情感，但，你们的情感已经影响到你们的上进心，所以，我不得不说话了。你们坐在最后一桌，不论哪个老师从我们教室外经过，都看得见你们，所以，你们的小动作早就一览无遗了。我没有其他目的，只是想保护你们。在我的字典里，从来没有对学生放弃和抛弃的字眼。我以为放弃一个学生，就等于放弃他的家庭乃至他的家族，我自认为没有这个胆量。所以，我必须把你们先调开，彼此都冷静一段时间，避开风头。你们现在是高中生，在非义务教育阶段出了问题，学校要劝退你们也不是不可以。"姚翊本来以一种对抗的情绪来到我的办公室，哪知听到的是一番体己话。所以，之前执拗厌恨的目光倏地不见了，眼眶里有泪光闪烁。

随后，我又说到姚翊的家庭，他的父亲故去，母亲一人要供养两个孩子，实在是压力太大，身为儿子，一定要为母亲着想。不要只顾念感情而把自己该做的事情荒废了。思及父亲的故去，母亲的含辛茹苦，姚翊的眼眶里氤氲出淡淡的雾霭，温顺地朝我点头。之所以要谈姚翊的家庭，谈他的母亲，是因为我知道，母亲是儿子心中最柔软的琴弦，只要一拨动，儿子的心就会变软，会疼痛。

姚翊的工作做通了，接下来就是通知三个换座的孩子。景瑞无所谓，坐哪里都可以，薛灵自然不情愿。令我没想到的是体育委员林飞，想都没想就断然拒绝了。我也没退步，而是强硬地说道："必须换！我是严格按照座位调整原则换的！"说完，我转身扬长而去。

回到办公室,我反复思量后觉得此举不妥。毕竟换座位对孩子来说是个大事,事先又没跟林飞打招呼,直接就告知他换座位,这实在是太唐突了,是我的失误。我要维护薛灵和姚翃,但有什么理由牺牲林飞呢?他们都是我的学生,我必须顾及每个人的内心感受,每个孩子都不该伤害啊。

上午第四节课后,没有我的课,我本来可以早点去餐厅吃饭,但想到教室里还有一个郁闷的林飞,我就待在办公室里等放学找林飞聊聊,以解他心中的疙瘩。

放学铃声一响,我赶紧站在教室的后门招呼林飞到办公室,问:"这节课一直在纠结?"林飞抿嘴,点头,满脸不高兴。

我没有说话,而是直接调出电脑里的文档,说:"看看我写的关于薛灵换座位的思考,你就会明白我的苦衷和苦心了。"说完,把字体放大,让林飞看。林飞看完,说:"既然老师都那样说了,我还有什么好说的呢?我换就是。"我笑着说:"谢谢你的理解和支持,乐美家族的每个同学,我都不愿意放弃,所以,我必须做通盘的考虑,这里面肯定有个人利益的牺牲,你是班委干部,首先就要有牺牲的精神。"林飞还是抿着嘴,点头,不过脸上的乌云开始消散了。

林飞的工作算是做通了,还有一个硬骨头,那就是薛灵,估计她会耍赖不搬。但不管她搬不搬,我都要把她与姚翃分开。她必须明白,不利于她学习和成长的拍拖,是得不到我的支持的。

果然,我中午去教室时,正看到薛灵赖在座位上不愿意搬。我不气不恼,笑着说:"我帮你抬桌子吧。"薛灵护住桌子,说:"我抬不动。"我嘿嘿笑着,说:"没事,我力气大,我帮你搬。"说着，我伸出双手，端起桌子准备跨步。薛灵见状，不知所措，其他孩子都面面相觑，估计他们从来没见过我这么另类的老师。

薛灵最终没有抗逆，她也没有理由抗逆。自始至终，我既没生气发火，也未责怪抱怨，而是乐呵呵地帮她搬座位。好比相交多年的老友，即便对方不高兴，也是无怨无悔地扶持相助。

座位换成功了。不过，两个孩子的心情可郁闷了。我没吭声，悄悄地观察了两节课，发现他们的听课状态仍然没有改进。尤其是姚翎，用无神、无力、无心、无精打采来形容一点也不过分。

下午第七节课后，姚翎跟我说，他晚上不上晚修了。我知道症结所在，便未加劝阻，只是压低声音语重心长地说："上午我就跟你说过，换薛灵的座位是为了保护你们两个，如果你们连这点距离都不能忍受，我也无话可说了。"姚翎马上解释道："不是，我很懒，如果有她在旁边监督我，我就会做笔记，否则，我啥都学不到。"我笑着说："我没有说要把你们分开一学期啊，我只是说你们坐在一起已经引起别人的注意，我不想你们成为别人注意的焦点，也不想你们受到伤害。再说了，你们坐在一起也没在互相监督啊，有时是比赛着睡觉呢。这样吧，我给你们两周的机会，如果这两周你们均有进步，两周之后，座位恢复原状。""真的？"姚翎的眼睛里放出光芒，惊喜地问道。"当然是真的，只要你们做得到，我就做得到！"我语气坚定地说道。听我这样说，姚翎赶紧跟我说："那我把她找来，也跟她说一声。"我点头，说："好，去叫吧。"姚翎立即出去把薛灵叫进办公室，我向薛灵重复了先前的话。两个孩子自然很高兴，跟我再三保证。随后，姚翎又信誓旦旦地保证晚上肯定会来上晚修，我笑着说："拿出进步才有说服力！"

下午第八节课上，薛灵和姚翃的状态出奇地好。整整一节课，两人都在埋首做事。其实，我对这件事也纠结了一天，总担心这件事处理不好会起副作用，现在看来，事情在向好的一面发展。

学生谈恋爱，并非是什么洪水猛兽。即便是洪水，只要引导得当，也是可以水到渠成的。只是，治水的人一定要知道水的特质，知道如何引导，水才会乖乖地流进水渠。

三、剖析背景，深溯内因

我曾答应过薛灵和姚翃，月考之后，只要他们进步了，我就把他们的座位换到一起。月考已经结束，各科成绩也已汇总，质量分析也做了。两个孩子，尤其是姚翃，已经催问过我两次。我笑着说："一切都得拿事实说话，没有分析之前，我是不会轻易答应什么的。"因为有言在先，两个孩子也没多说，耐心地等着我找他们面谈分析是否进步了。

如果硬要说进步的话，姚翃多少是有一点的，但薛灵，应该说是毫无起色。不客气地说，薛灵的表现差得很远。可是，她的父亲却对这个女儿期待极高。他在短信回复里请我一定要对她女儿严格一点，只要孩子能进步，哪怕是打骂他也毫不责怪。我回复得很委婉，也明确表态我不是一个打骂学生的老师。薛灵的父亲以为这是我放任薛灵的托词，又赶紧打电话向我说明，请我务必严格管理她女儿。他深知女儿成绩不好，但又希望女儿能考个大学。我不急不缓地劝慰着，叫他别着急，物极必反。他长叹一声，无奈地说道："老师，我只有一个孩子啊！我输不起啊！"末了，薛灵父亲又像抓住救命稻草似的说："钟老师，只有靠你了，薛灵她听你的话，因为她回家跟我说了,你是她遇见的所有老师中最好的老师了,她特别喜欢你,也很佩服你,才一个多月,孩子就很喜欢你,她肯定会听你的。"

事实上,薛灵父亲的所谓"输不起"的长叹也引起我的共鸣。我也是家长,我何尝不是这种感觉呢?现在只带一个孩子,不仅成本大,风险也大,的确是输不起,更败不起。

同为家长,所以更能体会家长心里的苦。可是,天天看着孩子成长,也明白孩子心中的苦。夹在孩子与家长之间,怎么办?我只有想尽办法寻找平衡:一边安慰家长,一边鼓励孩子。

和薛灵父亲交流之后,一直等到放学,我才带信叫薛灵和姚翙到我办公室(办公室已经没有其他老师了,我特意选的这个时间)。两个孩子一前一后地进来。姚翙满脸笑意,但薛灵则是灰头土脸。我先对薛灵叹口气,说:"我压力好大啊。"薛灵干脆答道:"我知道。""你怎么知道的?"我惊问。薛灵摸出包里的手机,点了两下,递给我,说:"这是我爸给我的短信。"我低头一看,果然,上面的短信内容和发给我的一模一样,甚至连称呼都没变。

"你既然知道了,我也不瞒你了。你爸爸给我发了短信之后,又给我打了8分多钟的电话,说了很多,尤其提到不可以谈恋爱的事。说到这件事,我只有闪烁其词的份,我真害怕说多了会说漏嘴。我既然答应了暂不告诉你父亲,我就能做得到。可是,你们呢,答应我的事做到没有?现在我们来分析。先说姚翙,成绩嘛,上了10多个名次,听课状态也有所好转。但是薛灵呢,首先是成绩下了30多个名次。这还不算,更让人气愤的是,上周日,晚修已经上了30分钟,你还不进教室,直到我打电话严厉警告,你才懒洋洋地走进教室。还有这周的周日晚修,过了10分钟,薛灵才晃晃悠悠地走进教室。虽然我知道薛灵历来做事都是慢半拍,但你作为一名高中生,明知道自己动作迟缓,你为何不早做安排呢?再说作业吧,哪一次是认认真真完成了的呢?所以薛灵你自己说,你是不是进步了?"我郑重其事地说道。

"没有进步。"薛灵低着头,声音细如蚊蝇。

我扭头看向姚翃,微微一笑,说:"怎么办?薛灵的表现没有达到我的要求,我怎么来满足你们的愿望呢?现在这已经是小事了,关键是薛灵的父亲对薛灵的期望值很高。每一次打电话都跟我说,坚决不允许薛灵谈恋爱,一旦有这个苗头,一定要告知他。作为家长,他是有知情权的。我哄得了短时哄不了长时。我是过来人,明白你们的感情,我只是想帮助你们,从这件事中收获美好,而不是收获苦涩,明白吗?"姚翃笑笑,说:"明白,我回去再好好跟她讲讲,我们都要改变。"我笑笑,说:"我看了你的读书观,其中有一条就是读书是为了娶老婆,我想问你的是,你这样读书,今后拿什么娶老婆?"我话一停,姚翃就笑了起来。我接着说:"薛灵的父亲对她期望很高,万一知道你和他女儿要好,把成绩弄垮了,他肯定会找你说事的。所以,你唯一的选择就是与薛灵共同进步,用事实来证明,爱情可以促进人成长;反之,只有接受棒打鸳鸯的结果。"姚翃听我分析得在理,保证似的跟我说:"我明白,我们一定好好调整,争取在下次月考有大的进步。"我笑笑,说:"不仅是成绩进步,其他的不良习惯也一定要改。比如上课迟到、动作出格等,也要一并改了。"两个孩子点头答应。

高中生的恋情,硬堵是堵不住的,有时疏导也是不起作用的。因为每个孩子的成长背景都不一样,有些孩子在家里得不到情感的满足，所以，他（她）必须去找一个倾诉的对象，以摆脱他（她）内心的空虚孤寂。薛灵的早恋，与她的家庭和自身的性格脱不开关系。

首先说她的家庭，父亲对她的期望值太高以致她根本无法实现，压力太大必须找一个倾诉对象以释放心中压力。而薛灵的性格恰好又是孤僻型的，她的同性朋友很少，异性朋友更是少得可怜，所以，她只能找性格温和的姚翊倾诉。这是二人走到一起的原因。

其实，我倒不担心薛灵谈恋爱出什么事。她就是不谈恋爱，她的状况也是很糟糕的。因为，她的心境很老。用她自己的话说，她的心理年龄已经有五六十岁了。同龄同学的言谈举止在她看来是幼稚可笑的，她甚至认为我都比她小，还说我的童心太盛了。说白了，她就是一个没有生命能量，也没有生命热情的"天山童姥"。她和姚翊恋爱，并非出自少女的情不自禁，只是需要有一个人陪她慢慢消磨生命而已。

遇到这样一个"童姥"，我怎么做才能将其还原呢？这或许是一个严峻的课题。我得好好对待，就算不能将"童姥"还原，最起码要为她的生命注入清泉。她还这么年轻，一个16岁的女孩，身处花季就应该含苞蓄势，绽放成一朵美丽的花。

四、底线分明，强制设限

月考前，我向姚翊和薛灵两人承诺：只要他们各方面进步了，就把他们两人的座位调到一起。两个孩子也满心欢喜地应承着。只是，他们忘记了，许诺容易兑现难。姚翊倒是个爽快的孩子，自答应我的条件后，便定心开始学习。但薛灵依然故我：懒散、迟到，有气无力，做人凭感觉，行事凭心情。月考成绩出来，姚翊稍有长进，薛灵却是大退步。

既然他们没有兑现自己的承诺，我也没必要去自毁诺言。因此，在调换座位的时候，我将姚翃和薛灵调在同一横排，但中间隔了一个同学和一条过道。其实，将他们调在同一横排，也是我悄悄送他们的一个人情。因为我知道恋爱中的男女，将他们隔得太远，滋生出来的问题将会更多。不过，在搬动桌椅的时候，姚翃动了心眼，偷摸着与同桌袁代换了位置，这一换，他和薛灵之间就只隔着过道了，相当于挨在一起了。

既然姚翃和袁代都私下协商把座位换了，我只好装傻充愣，默认他们的做法，等时机成熟再行约束。

可是，两个孩子不仅没有感激我的暗中成全，竟然变本加厉地向我示威。首先是姚翃明确地表达了他的不满。他先是用极端不满的眼神怒瞪着我，我不解，问他何故，他火气十足地答道："没什么！"说没什么，实际上就是有什么。我惊讶地问道："咦，怎么回事？""谁知道呢！"他仍然是火气十足地回答。其次是他故意将桌子往薛灵那边移动，致使他的桌子和袁代的桌子之间现出长约一尺的缝。这样的摆设，自然是影响班级容貌的，加上姚翃和袁代坐的是靠窗位置，随时都有检查的学生干部和学校领导在外面巡查，他们若看到如此摆设，对班级的评价会大打折扣。我不想乐美家族建班初期就给别人留下不良印象，这对其他孩子不公平，于是轻言细语地对姚翃说："你把桌子挨袁代的桌子摆整齐吧。"姚翃听而不闻，不仅如此，连薛灵的桌子也与同桌分家。两人的桌子如同两块磁铁，越靠越近，中间的过道也越来越窄。之前可容一人快跑通过，现今只能侧身慢行。

姚翃和薛灵的行为已经超越我的底线！既然温言软语无效，那我就要动点真格！老虎不发威，当我是病猫？我可要告诉这两个孩子，我虽然长相温婉，个性却颇为火辣！我不发怒则罢，若发起怒来，也是颇吓人的。

于是趁着早读，我走到姚翃旁边，一言不发，气冲冲地将他的桌子轻轻一提，再重重往地上一放，紧紧地挨在袁代的桌子旁。姚翃也不示弱，又将桌子拉向薛灵这边的通道。我还是没说话，用了更大的力气将桌子推了回去，然后疾言厉色地吼道："我很愤怒！不要把我给惹毛了！我给你几分钟的时间考虑！"说完，我径直离去。

在办公室坐了两分钟，待到心平气和，我走进教室，来到薛灵身边，打了个手势，示意她到外面去。薛灵顺从地跟着我走出教室。我粲然一笑，说："你男朋友发什么神经了？我又没惹他，这些天对我不仅脸色难看，说话语气还很冲。"薛灵不好意思地说："他其实是在吃醋，他不高兴你把我调在别的男生旁边。""哦，不想吃醋也行，就把你们调在一块坐。不过我得把丑话说在前面，你们两个人的事，教学主任、德育主任、年级长，都是知道的。他们一直要求我通告家长，可我不忍心看着你们失去读书的机会，所以跟领导打了包票，说一定会做好你们的工作，可你们呢，一点都不知好歹，竟然还想坐在一起！你们有了感情，我理解你们，尊重你们，但并不等于我会放纵你们！老师这样做，明明是在保护你们，你们却要自投罗网！到时领导看见你们卿卿我我，将你们赶出学校，我说什么都没有用的。"薛灵听我数落，赶紧解释道："他就是性子急躁，没和我在一起之前，纯粹就是烂仔，现在好多了。"我半信半疑地笑道："这么说来，你一直都在塑造他的性格？不过，一个不懂得尊重年长女性的男孩，今后也未必会体贴他的爱人。"薛灵似乎听出了弦外之音,接口道:"他对他的母亲很好的,他就是没想通,再说你先前也很愤怒,他肯定面子上过不去,所以态度不好。""我对学生是很宽容,但再怎么宽容,也是有底线的,只要超越了我的底线,我就会非常愤怒。我早就跟大家说过,我是一个原则之内寸步不让的人!今天,我就是要告诉姚翊,他的行为已经超出了我的底线,我绝不迁就!""哦,你今天是故意愤怒的。"薛灵自作聪明地帮我解释道。"不管是故意还是无意,总之,姚翊伤害了我,他要是不给我道歉,我是不会原谅他的。这个工作就交给你去做,我倒要看看你在姚翊心目中是否有分量。"我笑着说,略带调侃之意。薛灵淡淡一笑,说:"我跟他沟通一下吧,他应该会听我的。"

随后的一整天,我都没拿正眼瞧过姚翊,甚至连余光都没给他。我只是在语文课上,语气铿锵地说了一句话:"同学们,论年龄,我足以做你们的母亲了,所以,我要明确地告诉大家,你们可以不喜欢我!但你们必须尊重我!"

晚修的时候,我在办公室做事。姚翊拿着一张纸条,惴惴不安地进来了。他站在我的办公桌旁,嗫嚅着说:"老师,我给你道歉来了。"说完,他把手上的纸条递给我。我接着,展开一看,上面写着:

老师:

我为今天早上的事跟您说声对不起,我承认我今天的脾气比较冲,也知道您这样做是为我好,而我却还用那种语气跟您说话。我现在认识到自己的错误了。请您原谅我好吗?如果您原谅了我,请不要在班上公开这件事,好吗?

姚翊

有什么不可以原谅的呢?他是我的学生啊!就好比是我的儿子,天下哪有母亲去记儿子的仇呢?看完纸条,我抿嘴一笑,温和地说:"既然你知道错了,也明白了我的心意,我也不计较了。早上的事,就好比一个小插曲,过了就过了,咱们都不去想了。现在要想的,就是如何从这份感情中收获积极的力量,然后双双进步。"姚翃温顺地应承,感激似的给我鞠了个躬。

之后,姚翃变成了一个好脾气的男孩,不论是遵守规则,还是听课学习,都表现出从未有过的良好状态。

很多时候,身为老师,都害怕表达自己的愤怒。因为很多专家都说,愤怒是无能的表现。为了不让别人觉得自己无能,面对学生的不良行为,很多老师一次又一次选择了退让。退让的结果就是:学生的不良行为越来越多,自我意识越来越膨胀。我始终认为,作为班主任,适当地表达自己的愤怒,是非常必要的,因为表达愤怒就是要明确地告诉学生,什么可为,什么不可为!当然,在释放愤怒情绪的时候,老师一定要把握好尺度,不可以践踏学生的尊严和人格。即便是愤怒,也要向学生输送一种感觉:愤怒的背后蕴含着爱!

五、以情促学,提供帮助

早上,德育处张老师打电话告诉我,他看见我班薛灵与一位高二男生走得很近,看样子很亲密。薛灵不是在和姚翃谈恋爱吗?怎么会是高二男生?肯定是张老师看错了。但我没揭穿,顺着张老师的话故作恍然地应着。张老师又说,薛灵的父亲对薛灵要求非常严格,并且他也和薛灵的父亲见过几次面,干脆把薛灵的父亲通知到学校来当面谈谈。听到这里,我心里一惊,真要把薛灵的父亲通知到学校来，以薛灵的个性，她这辈子就算完了。于是我赶紧抢过话头，说："张老师，这样吧，我先找薛灵谈谈，看看情况，再通知家长到学校来，您觉得如何？"张老师听我说得诚恳，又主动把事情揽了过来，在电话那头就爽快地答应了。

不过，我开始紧张了。

薛灵因牵涉上学期娜娜离家出走一事，学校领导个个对她记忆犹新，对她的评价也是负面多过正面。所以，她一有风吹草动，学校领导立马就知道了。只不过，他们对和薛灵拍拖的男生一无所知。

像薛灵这样已经在德育处挂名的孩子，只要学校抓住她谈恋爱的证据，肯定是要通知家长来带人回家的，相应地，姚翃也会失去学习的机会。

就这样让两个孩子走人吗？我不愿意！他们仅仅是彼此相好，错不在此，只是他们的相好方式不被大家接受而已。他们需要的是成年人的真诚帮助，而不是惩罚。所以，我得真诚地帮助他们。

大课间的时候，我先安排大家下楼跳绳，然后与薛灵并肩同行，边走边聊。聊的内容无非就是他们的事被张老师发现了，要求通知家长，我们得想一些办法来应对。薛灵显然是害怕了，六神无主地跟着我，唯唯诺诺地听我说话。走到楼下，全校师生都在热火朝天地跳绳，我看人多嘴杂，也就没再跟薛灵说话。当然，还有一个原因，我觉得这件事应该由姚翃来处理比较妥当。毕竟，姚翃是男子汉，他应该学会理性长远地思考问题了。

下午，我找来姚翃，开门见山地说："你们的事，德育处的张老师已经知道了，本来是要通知薛灵家长来学校的，被我搪塞了回去。"姚翃笑笑，感激地说："我已经知道了，谢谢老师。"我笑笑,说:"不必!对于你们谈恋爱的事,我也有明确的态度,那就是我不支持。但我理解,并且愿意为你们提供帮助。我之所以有这样的态度,是因为我始终认为爱情是美好的,爱是无罪的!但是,我也认为,如果因为爱而影响了双方的发展,这样的爱,是有罪的!所以,我希望能与你们一路同行,给你们把好关,听好风声,力避伤害。我带班多年,陪伴过很多孩子恋爱,也帮很多孩子处理过感情的纠葛。有些孩子的确因为爱情的力量越活越精彩,也有一些孩子因为爱情而沉沦颓废。我希望你们能从这场感情中收获美好。"我说得很真诚,姚翃很感激,不停地点头,问我:"老师,那我们该怎么做呢?"

我微笑着说:"当务之急是调整你们的行为模式。不在公开场合显露亲密举动。光明区太小了,我们的学校也太小了,随处都有熟人,看见了,难免会风传。其次,只要你们遵守学校的各项规则,别人找不到你们的行为漏洞,也就无话可说了。之前,薛灵爱迟到,又不喜欢晨练,回宿舍又比较晚,老是被抓住,你想想,本来就已经挂了名,又爱犯规,再迟钝的领导也会发现啊。加上现在又被怀疑谈恋爱,领导们会更加关注她。所以,你要负起这个责任,不要让薛灵因为你而犯规。再次,认真学习,把成绩提上去,即便今后家长了解了实情,至少成绩没有下降,也算是用事实证明恋爱并未妨碍你的学习和生活,这就说明你们的恋爱是积极的,是健康的。最后,你是男子汉了,我要给你提个醒,既然爱她,就要好好保护她。两个人在一起,只要有亲密的举动,难免会产生冲动。希望你懂得克制,不该发生的事坚决不令其发生,因为有些伤害是无法补救的。"

坐在我旁边的姚翃,认真听着,不停地点头。等我说完,他向我表态说,一定按照我出的主意去做。我笑笑,说:"你也别太紧张,喜欢一个人是没有错的,错的是因为喜欢而不顾一切,荒废了学业不说,还令双方受伤,这就得不偿失了。其实,学校和家长担心的不就是这个吗?"姚翊淡淡一笑,温顺地点头。

其实,我担心的不也是这个吗?我也年轻过,知道情殇之痛。爱情,本来就是一柄双刃剑,用得好,可以舞出绝世经典,让沉浸爱河的男女双方如饮佳酿,活得意气风发;用不好,男女双方都深受其害,甚至走上绝路。

所以,面对孩子们的感情问题,我从来不愿强行阻塞。处于恋爱期的孩子,正是感情潮水放纵奔流的时候,修筑再坚固的堤坝都挡不住那奔腾而来的感情之潮。我作为一个成年人,或者说是一个感情的过来人,要做的就是走进孩子的感情生活中,帮助他们,指点他们,保护他们。唯有这样,他们感情的潮水才会顺利进入我事先预设的感情渠道,然后,缓缓地、美妙地流淌。

叛逆少年的个性教育

一、重视需求，建立良好的沟通方式

我一直自诩深谙人性，不管人心多么险恶，我都能在险恶的人心中求得一方自在。

面对乐美家族的孩子，我自认为用的是百分之百的诚心来待他们。并非我在耍手腕，也不是我多么高尚，实在是同孩子打了若干年的交道，心里早已喜欢和孩子相处了。再者，与共同生活14年的儿子隔绝两地，我的母爱无处释放，有意无意之间，自会把那些学生看作自己的孩子。

可是，人性的麻烦就在于，不是所有孩子都能解读出老师充满诚意的爱。也正是基于此，在和孩子及其父母沟通时，我从不加入自己的主观情绪，而是客观陈述我所看到的现象，再说出我的感受，提出我的合理请求。这样的沟通方式一直都让我很得体地游走在我和学生以及家长的三角关系中。

然而今天，在我十分真诚、客观地与李子安的家长沟通后，得到的却是李子安略带恶意的回馈。

这究竟是怎么一回事呢？说来话长。

我们学校从高一起，每周六会对学生进行无偿的"培优补差"。这种事情一公布，往往是家长乐意，学生厌恨，老师不满。

作为家长，孩子周末时间能享有免费培训的机会，当然举双手赞成。毕竟有老师看着，不花钱又省心，还能学知识，更重要的是有助于孩子将来考大学，这种天上掉馅饼的事，何乐而不为？

可是，身为学生，那就很气愤了。一天到晚受管制不说，到了周末还不放过！本来可以天高任鸟飞，可偏偏被囚禁在这弹丸之地动弹不得！唉！命苦！这劳什子的补课，何时方休啊！

而作为老师，我心里也很不乐意。本来是周末，我可以睡个懒觉，可以蓬头垢面窝在家里读自己喜爱的书，可以上网与家人视频聊天，也可以收拾打扮休闲惬意地去逛逛街……偏偏又要补课，必须得早起，害得晚上睡觉也不踏实。最郁闷的就是付出心血了，孩子还不给好脸色。什么叫赔了夫人又折兵？这不就是！

牢骚归牢骚，发完之后我们还得理性地思考一下，为什么要对学生进行"培优补差"呢？

其一，别的高中都补，我们不补，在时间上肯定就亏了。所以，补课也算是寻求一种心理安慰吧。至少，别人补我也补，亏不了多少。

其二，深圳的孩子不比内地孩子。他们物质条件优越，既没吃过苦也没受过累，学习任务稍重，他们就叫苦连天。可由于见多识广,他们总是心比天高,梦想一夜成名。这就好比,一个害怕手上沾上泥巴的制陶工却梦想某天能制出价值连城的瓷器。又不想努力,又想获取成功,怎么办?粉碎孩子的梦吗?这很残忍,于是只能想办法补多少算多少了。

其三,深圳是一个高速发展的特区城市,竞争力很强,压力很大。这里的人总是匆匆忙忙的,走路都是来去如风。忙于工作或是生意的家长哪有时间管孩子,把希望寄托在学校,希望学校一力承担,帮他们把孩子管理好、教导好。地方财政对教育的投入也是巨大的。所以,在深圳,哪怕是一所偏僻的城郊学校,它的硬件设施也十分完善,很多内地的市级学校根本无法与之比肩。这种情势之下,学校要是不下大力气让教育出效果,如何立足?

鉴于上述种种原因,即使学生有怨言,教师有倦意,这个"培优补差"还是要搞的。

既然如此,我也不必说什么,按学校的要求做就是。

学校的要求是每个孩子都要填写一张"培优补差"表。无论是否参与都要写明情况,由家长签字。对于不参与补习的学生,班主任一定要打电话向家长核实,然后告知家长放假时间,要求家长搞好对孩子的假期管理。

出于此,我拨通了李子安母亲的电话。李子安母亲刚听我说明情况,就在电话那边用不容置疑的口气说:"不行,那一定是要补的。"我语气柔和地接话道:"你们母子要沟通好,不要过分勉强孩子。"李子安的母亲答应着,然后问我:"孩子这些天表现如何?"我答道:"总体上很好,只是上课状态不好,总是萎靡不振的。"我话刚说完,李子安的母亲肯定地说道:"那他一定是在玩手机!我一定要没收他的手机,要不就给他换一个只能打电话的手机！"我赶紧解释道："主要是晚修下得晚，然后要洗澡洗衣服，人多，又要排队，所以就睡得晚了，睡眠时间得不到保证。"

我和李子安母亲的通话也就到此为止了。

谁知，吃过午饭，我正在家里写东西时，收到一条短信：

我跟你聊天，你直接把内容复制粘贴给我妈？还一字不漏，记忆力真不错啊！

署名是：

您的学生李子安。

我一下蒙了，我复制粘贴了？这是我的工作素养吗？我那么小心地跟家长沟通，就是不想家长情绪化且无由头地责怪孩子。可是，我还是被家长"挟天子以令诸侯"了。这也是做老师经常遭遇的尴尬，我已习惯了。只是我很不喜欢李子安的暴力沟通方式，于是也发了一条短信过去，顺带撒了一些"火药"在上面：

你误解我了！我的表达方式跟你母亲的表达方式不一样！你没有亲耳听到我说话，一切都是你的猜测，我不想解释，时间是最好的证据！另外告知，我打电话给你家长，是奉学校要求：凡不参与培优的，都要与家长沟通，告知放学时间！

短信是发了，不过心里还是有点不安。毕竟李子安是孩子，他不可能像成年人一样理性，我要是真不解释，他心里会不会有诸多的疑虑，以致影响我们的师生关系？我倒不怕李子安误解我，我最怕的是李子安以为我出卖了他，由此赌气而放弃学习。这对孩子来说，损失就惨重了。

正思虑着这件事，短信铃声响了，我打开手机一看，是李子安发来的，口气完全变了：

噢，原来如此，那不好意思了，是我多疑，打扰您了。祝老师午休愉快。

这么说来，这孩子的疑虑解除了？也许只是他的应对之策呢？毕竟李子安不是小孩子了，人性的曲折婉转他多少已经懂得一些，基本的为人处世他也应该略知一二了。想来想去，我以为还是很有必要跟李子安说清楚。毕竟，我和李子安还互不了解，我们都是站在远处模糊地看待对方，所以，很难看得清楚，也容易看错。于是我重拨李子安的电话，将我和他母亲沟通时的情景进行了再现。李子安并非一个认死理的孩子，几句话说清楚，末了，他告诉我他妈妈是湖北人，说话很冲。

一听是湖北人，我忍不住笑了。湖北女人，可比四川女人还辣哦。难怪李子安的母亲一听到孩子状态不好，立即就断定孩子是在玩手机。不过，我也相信一句话：知子莫若母。李子安的自制力的确很差。这需要我更进一步走近他，了解他，帮助他。

之后，李子安又发了一条短信给我：

麻烦老师你尽量说服我父母允许我不参加培优补差，因为真的没有什么效果。我倒想利用这时间来学画画，这样会更好一点。不信，老师你可以挑一节文化课和专业课对比，不管是我的上课热情还是活跃度，都是天差地别。

我随即发了一条短信过去：

嗯，这个我理解。不要说你们，就是我这个学中文的，教了二十来年的语文，也认为我们现在的语文教学有问题。但只要我们活在当下，受苦受累就在所难免。我能做的是尽量把课上得有趣一点。一听你母亲说话，我就知道她内心很强悍，对你期待很高，我可能没法说服她。下午再面谈这件事，都休息吧，不然下午精神不好。

我不想就"是否有效果"和李子安争辩。有无效果，不完全由我来定夺，主要还是取决于学生自己的心态以及他们对自身前途的理性思考。这个问题需要慢慢解决，不可操之过急。

下午去上课，我和孩子们做了简单的沟通。我希望他们能真正把课本知识学好，从功利的角度来说，当然有助于孩子们考上大学。同时我更希望他们热爱语文，因为我始终认为，一个经过文学浸润的孩子，他的艺术细胞将更丰富，更具有灵性，他的生命也将更加丰富、厚实。这样的孩子从事艺术，才会成大家、成大师，否则，只能成为一个按部就班的工匠！

今天发生的事情，当时我觉得自己很囧。现在想来，其实我获得更多。一则，我了解了李子安并非是一个没有生命能量的人；二则，我也知道了这些看似老实沉默的孩子其实很有自己的想法，这让我感到欣喜；三则，我还因此对自己的工作方向进行了重新调整——重视孩子们的精神建设，加强对孩子们的精神关怀。其实，任何一件事，只要从正面的角度去分析它，一定会找到许多能为我所用的积极因素；反之，则会消极颓靡、牢骚抱怨，也于事无补。

二、破除谎言，相互尊重

中午，李子安又发来短信：

老师，补课的事，你就直接打电话跟我妈说吧，反正她听取你的意见，建议我星期六学画画就好了。我妈性格爽快，会答应的。

看来，对于周六的补课，李子安还是很抵触。

对于此事，我作为旁观者实在不好插手，只得回了条短信暂时稳住李子安：

下午我把文章打印出来，你看了，我再打电话给你家长吧，别性急啊。

事实上，乐美家族有不少孩子对补课之事非常抵触。他们甚至不惜大耍欺诈之手段，回家欺骗父母说，班上根本就没几个同学补课，到了学校，又信誓旦旦地跟我说，家长同意不补课，因为周末要学专业或者是请了家教。

我在学生中摸爬滚打二十来年，对于他们前言不搭后语的说辞，难道会看不出？我肯定看得出！只是顾及他们的脸面，没有揭穿。但是，我也不能老装傻啊！装傻的结果无非是暗示学生那些欺骗手段在我这里行得通！而他们一旦尝到了欺骗的甜头，就会热衷于此，那么我的宽容就变成了纵容。

用自己的宽容和理解把学生爱成了一个惯于欺骗的孩子，我以为，这样的爱绝不正确！所以，我要咬着牙去撕开人性中的丑恶，将其暴露在阳光下。只是，我要怎样做，才能既不破坏我们的师生关系，又让学生自感羞愧，从而有所顾忌呢？俗话说"大树底下好乘凉"，我只有把责任推到学校，才能"扯起虎皮做大旗"。于是，我拿着一张表格，笑嘻嘻地对学生说："你们不参加培优我也尊重，我是不会勉强你们的，只是学校要求我们班主任通知你们家长，告知他们周五放学时间，因此，请你们把第一联系人的手机号码告诉我，请大家配合，我也是迫于无奈。"

话说到这个份上，那些孩子想不给我手机号码也不行，很不乐意地把家长的手机号码写给我。

我拿着手机号码，啥也没说，就回了办公室。然后，一个个地给家长打过去。果然，好多孩子都是两头哄，甚至还有孩子填了两张表，一张是家长签的同意培优，一张是自己签的不同意培优。说实话，我并不赞同补课，毕竟学生太累了。但是，我不得不说，深圳的学生比内地的学生轻松多了，而且学习条件连内地的一些专科学校也未必比得上，但他们当中有很多孩子耽于玩乐和物质享受，对学习极其厌恶，这也是事实。

打完电话，我回到教室，故意说："没想到啊，刚才给一些家长打电话，很多惊天秘密竟然浮出了水面，这不得不令我重新审视一些同学的言行。"说完，我把整个教室扫视了一遍，不再说话。然后轻轻走到李子安旁边，将我昨天写的与他有关的文章递给他（上午我跟李子安说我写了一篇日记，与他有关，下午打印出来给他看，他表示很乐意），说："你先看这篇文章，觉得有必要给你妈妈打电话，我再打。不过，我始终还是觉得，这是你自己的事，我不便参与，我的身份也不便向你母亲建议你不培优，我能做的，就是尊重你们的决定。"李子安没说话，只是点头表示理解。

第七节下课，李子安递给我一张表，说："老师，我要参加培优。"我笑笑，接过他递过来的表一看，培优理由一栏写着：打好基础。不管这个理由是不是李子安的真心话，但他毕竟想通了这件事，而且还是自己做的决定。这就说明，李子安这个孩子的心智、品质、人格以及处理问题的方式都要比那些为达到目的而不惜欺骗他人的孩子高一个层次。

说起来，学校领导决定培优，确实是几面不讨好，但的确是无奈之举。纵然老师有诸多不满，但别的学校都在补，在升学率就是学校生命线的情况下也别无选择。不过，作为高中生，已经是准成年人了，应该学会理性地规划自己的未来，更应该通过正当的手段来达成自己的目标。毕竟，这个世界最终是他们的。如果现在就开始肆无忌惮地撒谎、欺骗，今后的世界会变成什么样子？

不过，我实在不愿意当着学生的面说他们在欺骗，我以为这会成为一种负强化。除了告诉孩子们我很厉害、很高明之外，起不到任何作用。我想，积极的做法就是指导孩子根据自己的学业成绩进行理性思考，再通过辩证分析培优与不培优的得失利弊，然后，遵从自己内心的需要，做出对自己有利的决定。只要是通过分析、论证，并且是遵从自己内心的真实想法做出的决定，补与不补，我以为，都应该得到我的尊重。

三、尊师重道，不可僭越

今天深圳阳光灿烂，很温暖。我上了一堂自我感觉还不错的班会课，得到了听课老师的一致好评。好阳光，再加上好评如潮，心情自然也就出奇地好！

只是这种好心情还没保持到晚上就彻底消失了，取而代之的是平静之下的愠怒。

其实，我是一个情绪非常稳定的人，也绝对不是一个小肚鸡肠的人，更不是一个轻易被打倒的人。但我是女人，很细腻的那种女人，所以，我会受伤。

谁会伤我？除了学生还会有谁呢？说起这个学生，我还真有点头痛。他就是最初发短信指责我向他妈妈告密的李子安。

首先，李子安很懂得规避学校的各种规章制度，他不会轻易违规。其次，他不会轻易吐露自己的心声。最后，他疑心很重，容易记仇。

本来，以他这样的表现和个性，不闻不问即可。可我偏偏放不下，总想走近他，帮他调整好心态。或许是我太急躁了，他没有读懂我的善意。

昨天晚修时，考虑到他们作业并不多，我发了一套小试卷，想做一次检测。孩子们都很乐意，接过试卷就埋头做起来了。唯独李子安,撇着嘴巴,满脸不悦,头歪一边,小声地从嘴里吐出两个字:"神经!"因为声音几近模糊,又没指名点姓,所以我只是狠狠地剜了他一眼,当没听见,什么话都没说。

上午第一节课,我们做基础训练,正好有道题讲到父母对子女的教育具有潜移默化的影响,判断"潜移默化"一词的使用是否恰当。我多了句嘴,说:"父母是子女的第一任老师,父母没做好的话会直接影响孩子。"话音刚落,李子安又摆出昨晚那种不阴不阳的表情,含糊地说了两个字。具体内容我没听清,但从口形和余音上判断,似乎是"有病"两个字。

为了不影响上课,我还是装作没听见,调整好心情若无其事把课上完。不过,课后我把他请到了办公室。

我坐下,非常诚恳地说:"昨晚,以及今天,你的表现,都令我很受伤。我想告诉你的是,我首先是一个人,然后才是一个老师,并且我还是一个女人,我就更容易受伤。即便我不是一个老师,哪怕是一个陌生人,尊重总是应该的吧。"或许是我的婉转表达和略带哀怨的倾诉让他动了恻隐之心,他竟然温顺地答应我不再给我脸色看了。

话说到这份上,我还啰唆什么呢?挥手示意他回教室去。

想来哑然,从教二十年来,各路学生都见过,无论被伤害得多深都挺过来了。这点难看的脸色算什么呢?我还会看不过去吗?只是,这样的态度,这样的脸色,保留到进入社会,那时谁还会买他的账?既已为师,即便招致学生诸多不满,我也只能受之。或许这就是做教师的宿命吧,我向来有这个思想准备。

然而很多时候,并非老师宽容或者说认命就可以解决问题。接下来发生在李子安身上的事就足以证明这一点。

晚修之前，我进入教室。乐美家族的很多孩子都围在后面黑板旁看明天的月考安排。我没吱声，站在后门旁，听着他们叽叽喳喳的议论，一时间，感觉还蛮惬意的。突然，昨晚那个辱我"神经"的孩子扬手划过考试安排表，叫道："啊！我们是钟杰监考，真倒霉！"顿时，教室里的空气如凝固一般。几个外围的孩子扭头看见我冷峻无比地立于门边，张口结舌，赶紧用手戳了戳里面的李子安。李子安一扭头看见我，尴尬无比。我没有发火，只是冷硬地说道："我认为这是人品的问题。到办公室等我！"说完，我若无其事地在教室里走了一圈，看孩子们搬书、排桌椅，见无大碍便回到办公室。

李子安还以为我对他会像上午那样客气，竟然自己找了凳子放在我的椅子旁。我走过去，二话不说，伸手就把凳子提到一旁，然后大摇大摆地坐在自己的椅子上，冷冷地说道："只有没犯错误的同学到办公室来才有资格跟我平起平坐！你，今晚没有资格，你只配站着跟我说话！"

李子安没敢答话，更不敢在这个时候摆张臭脸给我看。

我用小声却不乏凌厉的声音说道："我告诉你，你可以说我傻，说我笨，说我工作没做好，这些我都可以去改进，但你不可以践踏我的人格！你自己换个位置想一想，如果我的儿子用你这样的态度去对待你的母亲，你这个当儿子的怎么想？我们不要谈什么师生关系，我现在还没为大家做多少事，我不强求大家对我有多关心，但基本的尊重是必需的！我绝不容许任何人来践踏我的人格，这是我为人的底线，谁都不可以破！这一次，我会把你的事情记下来，如果你从此以后学会了尊重，这件事，就当作一个你知我知的秘密。如果你没有改变，我实话告诉你，这次就不是你所谓的复制了，我会当着你的面跟你母亲交涉的！我想问问，如果我的儿子这样辱骂她,她是什么感受!"

说到这里,李子安一下子软了,赶紧讨饶道:"老师,我心里对你没意见,我就是性格不好,有时候乱说话。""你不止性格不好,你还心态不好。一个心态不好的人,注定走不好他的人生之路!"我的语气较之先前柔和了很多,但仍略显生硬。

李子安点头承认,再也没有之前的不屑一顾和满脸不悦了。我柔声说道:"这次,我就原谅你了,如有再犯我绝不原谅!这个周末,你从我这里拿一本《心态的力量》回去看看,你那心态的确应该调整了,否则,伤害的最终是你自己!"

还说什么呢?一个孩子变成这样,他的家长没有责任吗?就凭他母亲跟我的两次交流,我就知道根源何在了。只是,他那自以为是、自高自大的母亲,会低下头找找自己的原因吗?

而我,之所以要用那种不冷不热、刚柔并济的态度表达我的愤怒,并非是因为气愤到了极点,而是想用愤怒的力量告诉他,有些界限是不可以超越的!

四、发掘兴趣,鼓励创作

下面是一份我与李子安的谈心录——

1. 请问你上课老打瞌睡是为什么?

比较晚睡,魏子扬打呼噜;有时课比较无聊,听不下去。

2. 你读这所学校以及选择艺术班是出于什么原因?

长大想发展美术相关的事业;比较好上大学。

3. 你希望得到老师哪些方面的关注?

没必要,维持现状就好。

4. 你在学习上面存在哪些困难?你希望老师如何帮你?

没有什么困难，自己解决不了自然会找老师的。

5. 你在倾听别人说话时，总伴随着令人受伤的表情，偶尔也会与同桌说话，请问你基于一种什么心理？

说话只是个别现象而已，而且并没有什么心理，只是聊一些无关紧要的事罢了。

6. 你觉得老师该如何对待你，你的生命潜力才会得到最大限度的激发？

这取决于我自己。潜力要靠自己激发，不想被别人帮。

这段谈话记录是一个月以前的，当时的谈话进行得很艰难。李子安的反应是生冷而不着边际的，好像他全然不在乎老师如何对待他。他不过就是乐美家族的一个旁观者而已。

那么，他真的是这样的孩子吗？不是，他不过是在伪装，在没有彻底摸清我的为人处世之前的伪装。他害怕在我面前暴露自己，他是一个非常胆小且自卑得有点自以为是的孩子。

谈话很快就结束了，我没说什么，平静得就像不存在此次对话一样。然后，我拿了一本《心态的力量》给他，叫他周末翻翻。返校后，他跟我说，书挺好，还说如果有什么好书，让我介绍给他，他好去买。

之后偶然听到他原班主任说他有画画的天赋，我就极力向美术老师推荐，让他做美术科代表。他先是半推半就，我故意坚持着，他就似笑非笑地接受了。

后来他妈妈给我打电话，说他回去很自得，声称自己进步了，老师都让他做美术科代表了。也就是从那个时候起，李子安开始出现一些变化。

首先，他对我的态度不像以前那样冷漠，看见我会主动问好了。他还会发短信给我提一些有关班级管理的建议。尤其是在班歌创作上，很多孩子都惧于文笔差不敢写词，是他建议我下载《北京东路的日子》作为参考，末了还特意提醒我不要在班上透露是他出的主意。

其次，他上课睡觉的时间减少了。虽然他并未完全投入课堂，但显然不像以前那样游离于课堂之外了。我把他的进步情况及时反馈给他的家长。家长很满意，等孩子周末回家时也大加赞赏。这种表现持续了两三周。

不过，我并没有因为李子安的进步就中断对他的观察和监测。事实上李子安是一个随意又自我，且缺乏自信心的孩子。他表面上冷漠淡然，其实特别在意别人对他的评价。这么不堪一击的孩子，我须得小心应对。直到他对我完全认同，我才会将他那些缺点一一抖出来。

两件事显示，李子安已经把我当成自己人。一是，那次演讲比赛，我坐在一群男孩旁边，其他男孩都在自顾自地吃糖（演讲还没开始），唯有李子安体贴，拿出糖请我吃。二是，上周李子安感冒，告知于我，又请我帮他买感冒药。

既然我和李子安已经建立了友好的师生关系，我想是时候找他一针见血地指出他的问题所在了。时至今日即便难堪，至少他不再有抵触心理了，甚至还会因为在乎我的看法而努力修正自我。

上午第一节课的课间，我约了李子安，说："有些话，我想跟你实话实说，你想听吗？"李子安点头，表示愿意。

我说："这两周你的表现不尽如人意，体现在哪些方面呢？一、上课读书不看黑板或者显示屏，如果说，你有自己独特的学习方法且有奇效的话，我肯定会尊重并且重视的。可事实上，并没有效果。昨天我们读《过秦论》的翻译，全班就你一个没有抬头看显示屏，也没张口读，事后过翻译关，你就过不了。二、上课打瞌睡的现象又出现了。我记得当初你执意要带手机到学校来，是跟我承诺了的，说绝不会在课堂上打瞌睡。我也跟你母亲说情，可现在呢，你用事实来摧毁你的承诺。三、没有解决问题的意识。我记得有两次你言辞铿锵地答应我的事，结果都没做到，不是这样的借口就是那样的借口。人活着是做什么的？就是解决问题的！问题出来了，不回避，不找借口，而是想方设法去解决。上次班级文化检查，洪英看我们的教室门没有美化，跟我请了个假，就和钱达尊一起去买材料，吃完晚饭就到教室做，还没到上晚修的时间，人家就做好了。他们之所以能这样，就是因为有解决问题的意识。四、缺乏责任感。就以做清洁为例，每一次轮到你做清洁的时候，你几乎都没动，呆若木鸡地看着同组的其他同学做。还有我们班要求放学把椅子送到桌子下面，绝大多数同学都做到了。唯独你，视而不见，听而不闻，每一次都是你同排的魏轩帮你善后。五、缺乏规则意识。我们的课堂规则说得清清楚楚，课堂上，没有经过老师或者班委干部的允许，不可以随意出教室。但是你，已经出现过好几次这样的现象了。周三晚上，我出去吃个饭，都是跟大家商量了的，可是等我回来的时候，你竟然下楼到小卖部买东西，而那个时候还没下课。"

我噼里啪啦地数落着，李子安一言不发，但看得出，他心里很难受。他没想到我会观察得这么细致，记录得这么详细（我对李子安的不良行为进行了详细的记载，我说的时候，就是凭借这份文字记载，所以李子安一点都不敢反驳）。

看李子安脸色阴晴不定，我语调一转，柔和地说道："独特的个性是可贵的，前提是必须要优良。优良个性助自己成长，不良的个性则会将自己置于不利的境地。我还记得当初分析乐美家族存在的问题时，绝大多数同学都说班级不够团结，你也提到这个问题。班级要怎样团结？从学生的角度来说，每一个班级成员要这样想：我要尽最大努力为班级做事，为大家服务。人人都这样想，都这样做，想不团结都不行。你看你存在的这些问题，如果不改正，以我们班的核心价值观，能团结得了你吗？说一句简单明了的话：靠不住，你就得出局！所以，你要不想出局，就必须成为我们靠得住的人！"

李子安没有吭声，但看得出内心很挣扎。我担心他下去之后走向偏激，赶紧用鼓励的口气说道："发现了问题，只要及时修正，就没有问题。你有勇气去面对这些问题吗？"李子安抿抿嘴，沉沉地吁了口气，然后重重地点点头。

随后的一天时间，我都在暗暗地观察李子安，发现他确实在做着调整。看来，他还是很重视我的意见的。于是我暗自庆幸，好在我花了很多心思去经营我和他的关系，不然，今天这番话就等于是丢到水塘里连个泡都不会冒。

教育是需要铺垫的，教育更是需要经营的。作为班主任，想要把某种理念种植到学生的心田中，如果没有耐心去经营师生关系，不能取得学生的认可和信任，撒再多种子也是徒劳！

五、关注言行，转变性情

早上，我经过高一年级的量化考核小白板时，看到乐美家族只有99分，再细看，昨天下午做眼保健操的时候我班后门关闭，扣1分。

说实话，关不关门只是一个常规问题，并非原则问题，所以这种考核是很无聊的。但是，学校为何要对是否关门进行检查呢？因为总有那么一些孩子利用后门紧闭的时机做与学习无关的事，比如睡觉、玩手机等。鉴于此种情况，学校没有其他更好的办法，只能采取强硬的行政干预。我以为，对于那种自我管理能力差的孩子，学校来一个强行管理也未尝不可。

那么这个关闭后门导致乐美家族被扣分的人是谁呢？就是才移位到后门的李子安。

说起李子安，总是让人忧心。他有想法，但很难见他付诸行动。他口口声声班级要团结，可他脾气大，说话又冲，喜欢他的人并不多。因为他的性格缺乏亲和力，所以他总是感觉不到周遭的温暖。

几乎每一次轮到李子安坐在后门旁边时，乐美家族都会因为后门关闭的事而被扣分。李子安不坐在后门旁边时，后门畅通无阻，我从办公室到教室特别方便，可是轮到李子安坐这里时，后门总是死死关住的，叫他开，他也能顺从地打开，但一转身，他又关了。叫的次数多了，他便脸色难看。我不爱看脸色，又不想在他面前啰唆，于是就多走几步，从前门进教室。我这样做，并非纵容他，而是觉得没有必要与青春期的孩子较劲。再说李子安的脾气冲，说话行事都比较主观，这也不是才形成的性格特点，应该是从小到大养成的习惯，一时半会儿还真难改过来。或许某些特质一辈子都改不过来了，除非是某件事给予他强烈的震动，再或者是他认识到自己的不足，有意识地去调整。

但是，我也不能放任不管，于是晨读前我将李子安叫到办公室，请他坐下，说："据我统计，每一次轮到你坐后门旁，班上就要被扣分。"李子安惊疑地反问："是吗？""是的，我有文字记载。"我肯定地答道，"还有，今早的小白板上公布，昨天下午做眼保健操时你关闭后门，被扣了1分。"李子安闻言顿显不安，抿嘴低头。

"根据我的观察，我发现了两个跟你有关的现象：第一，你总是特别喜欢关后门；第二，你总是喜欢躲在角落里。请问这究竟是什么原因？"我不冷不热地问道。

李子安扑哧一笑，说："低调啊。""这不是低调！低调是什么意思？低调是一种谦虚谨慎的态度，不张扬，涉及做人的态度。可你呢，我实话实说了，你躲在角落里或者是千方百计关后门，实际上是为你搞小动作寻找遮挡物，你敢说我说错了？"我重重地说道。李子安见我揭穿了他的鬼把戏，讪讪地笑道："嗯，呵呵，是有这个意思。"

"在学校，就算你坐在角落里，也有人会关注到你，尤其是我作为班主任，不管学生坐在哪里，都会一视同仁地关注。因为在我的教育理念里，关注人，了解人，发展人，成就人，才是我做班主任的主业。可是，等你今后步入社会，你的顶头上司会关注你、成就你吗？我觉得很难，他们只想使用你，一旦你没有使用的价值，你就得靠一边去。顺道，我还要告诉你一个小秘诀，今后不论是学习还是开会，尽可能坐前排，甚至还要能够与台上的人进行目光的对接。只有这样，你才有可能脱颖而出，否则，你永远都是躲在角落里的'灰姑娘'。"我侃侃而谈。李子安则点头认同，随后我又说："你呢，虽然违规次数较多，但你也有一个特点，那就是但凡错了，只要我跟你说清楚，提出正确的建议，你都会努力去做好，所以，这件事我就不用高声宣扬了，我也不再强调了，希望你不要让我失望。"李子安听到这里，竟然连连点头，说："嗯，谢谢老师，我知道了。"

李子安真的知道了吗？我觉得他对我多少有些敷衍。他有一个能说会道的母亲，我估计他会反向移情，把对他母亲的厌烦转移到我的身上。所以，对李子安，我都是点到为止，见好就收，几个月来，我们的关系相处得越来越好。

我以为这段时间再也不会将李子安叫到我办公室来了，哪知道才过三节课，李子安又被我请到了办公室。怎么回事呢？

在很多人眼里，这简直是一件微不足道的事，可是我却小题大做了。

那我为什么会小题大做呢？我想，这与我的生命观有关。与我接触过的人都认为我是一个很具亲和力的人，我的所有学生都评价我是一个很温和的人。我为什么很有亲和力？我又为什么很温和？我认为这不是我的性格所致，而是我的观点所致。在我的字典里，生命是最重要的，所以，我关注生命，爱惜生命，甚至敬畏生命。凡是与我相遇的生命，都会得到我的礼遇。既然我是这样的一个人，我当然不允许我的学生无视其他生命，甚至羞辱其他生命。

第三节课间，我留在教室与学生谈论时评的写作，正谈得兴起，突然听到一声断喝："你走前面要死啊！"我循声看去，是李子安在呵斥窗外的肖琛。被厉声呵斥的肖琛不知所措，一脸难堪，像木雕一样呆立，随后，无趣又落寞地转身从前门进了教室。

这显然是李子安的不是了。下课时间，走前门走后门是人家肖琛的权利，可李子安把后门堵死，人家叫他开门，他竟然恶语相向。我眼睁睁地看着一个鲜活的生命在他面前萎顿，立马生出愤愤不平之意，冷冷地说道："李子安，到我办公室来。"说完，特意把后门打开,从后门出去回办公室。

李子安跟着我进了办公室,我冷若冰霜地说道:"你刚才说的那句话,太难听了。"李子安气呼呼地辩解道:"我至少不会打扰别人睡觉。""是你关门在先呢,人家进不来,叫你开门是天经地义的事,你犯什么急啊?"我责怪道,"我们才学了《呼唤生命教育》,你就无视眼前的生命,随意糟蹋,我对你很失望。今天,我要郑重地告诉你:生命,是拿来尊重的,不是拿来羞辱的!"李子安顿时像泄气的气球,低头闷声不语。

"大道理我不说了,我只是想告诉你,当你呵斥肖琛的时候,肖琛的表情告诉我,他心里难受,男人都爱面子,要是谁这样呵斥你,并且还带'死'字,你心里乐意吗?可是肖琛没有跟你一般见识,马上进行了自我调节,然后转身从前门进了教室,就凭这点,他的涵养比你好!今天,你必须找个时间去跟肖琛交流,怎么交流是你的事,但我一定要获知交流结果!"我严肃地提出要求。

李子安没有争辩,点头表示今天之内找个时间跟肖琛沟通一下。

中午,我担心李子安光说不做,发了一条短信提醒他:

今天这件事我是很生气的,乐美家族每个孩子在我心目中都很重要!我不容许在我的班级里有生命对生命的羞辱,今天你得找个时间,用你们男人的方式去沟通,最后把沟通结果反馈给我。我现在是最后一次提醒你,务必记挂在心并且付诸行动。

我的短信刚过去,李子安的短信就过来了:

中午放学的时候已经沟通完毕。

既然孩子已经沟通了,我也就不再提了,短信回之:

那好,今后为人处世都要以不伤人为准,你能及时去修复我很欣慰，祝你每天都进步。

李子安很礼貌，回复道：

嗯，老师午安。

说起来是小题大做了，可是，我不小题大做行吗？我们的学生为什么会出现情感荒漠，为什么对生命漠视甚至践踏呢？就是因为我们的老师忽视了对孩子的生命教育。

事后，我找肖琛聊天。肖琛真的是一位非常优秀的孩子，我刚一说到上午的事，他马上就说："其实我也不对，我不该打扰他睡觉，我完全可以不走后门的。"我笑着说："你没有错，相反，我很欣赏你，你做得很好，很有风度，你虽然心里不爽，但没有激发矛盾，而是选择了隐忍，你做得很男人，我很佩服！"肖琛听我表扬他，很激动，不停地向我道谢。

想来，这件事绝非小题大做，相反，起到了一箭双雕的效果。李子安，从这件事中或多或少应该知道，今后该如何去对待身边的人；而肖琛，他也放下了自己心中的包袱，会一如既往地做一个懂得体谅和适时退让的孩子。教育是什么？就是时刻关注着孩子的言行与心灵，及时给他们注入清流，将坏的导向清明，善的永远固守。

第五章

班主任的高效工作法则

集体意识是第一要义

初至光明中学时,学校安排我代高一(五)班的语文课,说上完一周就会打乱分班,紧接着会安排我做一个班的班主任。

做哪个班的班主任?会和哪些学生相知相伴?我既不便于询问,也问不出个结果。于是我按捺住自己躁动的心,努力备课,认真教学。只是,我心中不免有些寒凉,对学生的表现甚是失望。

首先从习惯上来说,身为高中生竟然还在课堂上吃零食、玩手机、说小话、打瞌睡……这,难道就是通过中考选拔,准备考大学的学生吗?

其次从知识层面来讲,他们也令我大吃一惊。学习王维的《山居秋暝》(很多地方的学生在初中就学过这首诗),他们竟然不会区分律诗与绝句,不知道律诗有多少联。得到这样的反馈时，用大惊失色来形容我的表情是再恰当不过了。

后来我得知，这个班的学生基础甚差，学习习惯也不好，所以班风浮躁，学风不浓。也罢，反正一周之后就要分班，还是按兵不动，多观察吧。

昨晚，分班工作终于落幕。拿到我班学生名单时，我心里总算感到些许踏实——我终于有自己的班级了，我总算找到自己的归宿了！

今天早晨我很早就醒了，躺在床上辗转反侧，于是起身打开电脑，噼里啪啦敲出一篇演讲稿。之后梳洗，出去吃早餐，一切准备妥当，我又在校园里游走了一阵，才看见升旗仪仗队踏着整齐的步子从宿舍楼那边出来，学生也三三两两地下楼。升旗仪式要开始了。

升旗完毕，我快步走到七班教室门口，迎接其他班级分来的新同学。

孩子们的表情各异：有面带笑容的，也有一脸愁云的，有惊喜的，也有惊诧的，有愿意的，也有不愿意的。总之，几家欢乐几家愁。

我什么都没说，从门后拿出扫帚打扫被丢弃在地板上的垃圾。一些原本端坐的孩子看我亲自动手，也赶紧主动拿出扫帚一起打扫（这一点让我很欣慰，高中生毕竟比初中生还是要懂事一些）。很快，凌乱不堪的教室就变得干净整洁了。

安顿好孩子们，我再拿着名单逐一点名。打过照面之后，候在外面的德育主任刘老师走进教室，对着孩子把我吹嘘一番，听得孩子们一愣一愣的，纷纷向我投来敬佩的目光。随后，我在黑板上写下一句话：我们就是一家人！用充满激情的声音演说道：

中国有句古话叫作：不是一家人，不进一家门！

从现在开始，在座各位，不管来自哪个班，之前种种，都将成为美好的回忆。唯有现在，是真实存在的，而将来，也是可以创造的。我希望每个同学都要抛弃门户之见、地域之别，就像一家人一样互相爱护，互相体谅，互相尊重，用我们的青春去书写我们激情燃烧的岁月，为我们的人生留下一抹绚丽色彩和终生难忘的青春记忆！

人，活着的真正意义是什么？就是幸福！

那么哪些事情会令我们的幸福指数降低呢？

金钱？权力？地位？

都不是！

恶劣的地理环境和人文环境才是幸福的真正杀手！

光明中学的地理环境，莫说恶劣，与很多地方相比简直是天堂！所以，我们真正需要的是和谐友善的氛围，以及对生命的体谅和同情。一个团队，如果没有共同的价值观，没有包容的心态，那么这个团队就是一盘散沙，杂乱而冷冰冰。扪心自问，我们每个人其实都是脆弱的，都是不能离开群体而独活的。如果一个人在集体中得不到真正的信任、关怀、支持、理解，那么这个人的生命之花就会萎缩直至风干，然后变成一具没有思想、没有灵魂、冷漠、麻木、颓废、自暴自弃、游戏人生的行尸走肉。一个生机盎然的生命沦落到这种状态，是多么可怕啊！

在我们的实际生活中，这样的人还少吗？这些人为什么会钻进人生的牛角尖？是他们自愿的吗？他们天生就是坏胚子吗？非也！

人本来就是群居动物，最怕的就是寂寞和孤独。如果他得不到同伴和群体的认可与接纳，那么，他的心就是飘浮的、孤寂的，甚至是痛苦的。试问，这样的生活怎么可能是幸福的呢？

没有幸福可言，活着还有什么意义？

由此，很多被团队排斥的人变得麻木、冷漠、自闭，从而活在一个人的孤寂世界中。这种人慢慢就会生出心理疾病，心态也会日渐阴暗。

所以，我们高一（七）班，不可以抛弃任何一个人！进了这个门，我们就是一家人！

什么叫一家人？一家人就是"打断骨头连着筋"！也就是说，无论什么情况，我们的班级都要抱成团，不抛弃任何一位同学。哪怕这个同学是我们这个大家庭的"败家子"，我们也要宽容他、接纳他、帮助他，让他真正热爱我们的家，成为我们幸福家庭的一分子！

什么叫一家人？一家人就是生死与共，荣辱同担！共建一个班级，也就是共建一个独立团，每个人都是这个团的团员。他在学习、生活中所表现出来的言行举止就代表着我们这个家的精神风貌！我作为这个家的领头人，不能接受别人对我家庭成员的非议，同时，我也不能容忍我们自败门风！

什么叫一家人？一家人就是可以明枪比试，但不可以暗箭伤人！一个人，无论他的外表有多么强大，他的内心都有可能极其脆弱，是伤不起的！皮肉受伤，假以时日或许可以自动修复！心灵受伤，短时间难以修复，甚至有些还会搭上一辈子！所以，我们每个人都要热爱生命、珍惜生命、敬畏生命！

什么叫一家人？一家人就是互相理解、彼此信任、创造和谐。一个彼此猜忌、相互排斥的家庭，会和谐吗？我想，在这样的家庭除了感到压抑之外，唯一想做的就是逃避。

什么叫一家人？一家人就是战斗在同一个战壕里的生死兄弟，

是生命相托的亲人！想一想，如果我们不是彼此搀扶而是刀剑相向，情何以堪？

请我们每个人都记住：在高一（七）班，我们就是一家人！

来，让我们鼓足气，使劲地、洪亮地、气吞山河地喊出来："在高一（七）班，我们就是一家人！"

最后请大家记住一句话：家和万事兴！

自始至终，孩子们都很认真地聆听着我的演讲。从他们的神色看来，他们的心里已经接受我了。

一个新的班级，尤其是从多个班级分离出来重组的班级，最易出现的情况就是人心散乱。人心不稳，班级就难以正常运转，孩子们的学习也会受到影响。所以，我必须旗帜鲜明地告诉每个孩子：我们就是一家人，打断骨头连着筋！

一般来说，孩子的适应能力远比成人强。前提是，新的团队一定要敞开心扉真诚地接纳他。否则，孩子找不到情感的归宿，没有安全感，他就会对以前的集体念念不忘。

用善意筑就理解的桥梁

坐在教室后门旁的韩正章，总爱把后门关得死死的。而学校的考核制度是不允许关门的。学校每天派学生会干部上午、下午、晚上三巡查，巡查的时候，只要是关着门，不管什么原因，一律扣分。为此，乐美家族被扣了好几分。我到过很多学校，也只有这所学校有这样的规定。多数情况下，孩子们关门，实在是因为气温下降，冷风灌进来让人受不了。这种情况下，我会默许孩子们关门，哪怕是扣分也在所不惜。

可是，教育的难处就在这里，当你抱着同情和关怀的时候，不是所有的孩子都会理解。他们会认为这个老师很傻，很好糊弄，于是，趁着关门的机会，他们会搞出更多的小动作，比如玩手机、看《故事会》等。

鉴于这个情况，学校只好来个一刀切：

不准关门,违者扣分没商量!

教育的挑战就在这里:好多孩子已经感知不到老师的善意了。这个沟壑究竟是怎样形成的?我想,原因不仅在于教师的误教,还在于家长的误做、学校的误管、社会的误导等。

对大环境,我是没办法左右的,但我可以在我的小世界里定乾坤,想办法让孩子来读懂我的善意!

回头来说韩正章吧。

韩正章是个好青年:温顺、平和,不同老师顶嘴,也不与同学吵架。不说学习,阳光灿烂;一说学习,皱眉耷眼。课下,在老师面前,他谦和有礼,温顺有加;课上,面对老师的授业解惑,他不是如置身油锅,就是置若罔闻。也就是说,这是一个对学习极端厌恶,可又不得不进学校的孩子。虽然人在学校,心却早已飞到校外了。这种心灵的辍学比身体的辍学更加摧残人心。

这样的孩子,往往在课堂上找不到事情干,会因为无聊而违规。如果后门敞开,他想搞点小动作还真不容易。于是,紧挨后门坐的韩正章总是想方设法把后门关得死死的。我提醒他的时候,他就说:"老师,放心,我保证不会令班上被扣分了。"他这样说,无疑就是告诉我,他已经摸清检查的时间,知道该如何规避了,只要不影响班级评分,老师你就不要操心了。

事实上,我很操心。因为韩正章关门的理由并非每次都是气温下降,多数情况下,他是想搞小动作。

某天早晨,我去教室,韩正章又把门关得死死的。我敲开门,说:"教室里很闷,打开透透气。"韩正章马上反对道:"不行,好冷哦,我要是冷感冒了,我就回家!"我冷冷地说道:"学习是你的事,你要回家,我立即批准!"说完,我亲自动手把门打开,再也不搭理他。

说来也怪,整整一天,韩正章都没再把后门关上了。

第二天,我约韩正章第三节课间到办公室找我。韩正章如约而来,我笑笑,提凳子叫韩正章挨着我坐下,亲切地问:"告诉老师实话,有17岁没?"韩正章倒也老实,马上说:"我是1993年的。""哦,这么说来,你都18岁了,也就是说你是成年人了。"我笑着说。

"嗯。"韩正章羞怯地答道。

"那好,我们两个成年人来谈谈关门以及你当时的处理方式是否得当。"我仍然笑着说。

韩正章笑笑,点头。

我说:"首先说关门。关门本身没错。如果关门是为了御寒,我无话可说,可是,你扪心自问,你每次关门都是为了御寒吗?我有十足的证据可以证明你多数时间关门是为了遮挡外面领导的巡视或我的视线,为的就是玩手机,或者看课外书,再或者是与同桌说话。"韩正章没有抵赖,红着脸承认了。

"我们再来分析你昨天早晨说的话——'我要是感冒了,我就回家!'。昨天的天气,别说开门,就是开门外加开着电扇,也不会把你冻感冒的。说实话,我还是第一次听到这样的话,多任性的话啊!这句话所透露出来的信息是:我到学校来读书是为了老师,为了家长,为了学校,为了你们……总之,不是为自己。所以,对我好点,顺从点,我心情好,我就老实点,坐在教室里算是给你面子了。我要恼了,我走人,还不行吗?"

一个高中生,并且已经是成年人了,还没有想通读书是为了谁,说话还这么不负责任,这是谁造成的?我认为是家长的过度呵护及老师的无端让步所致。

　　同时，从这件事中也可以看出韩正章处理问题的能力有多弱。所以，我除了告诉他说话要得当，读书是为了自己之外，我还要告诉他如何处理这类事情。我说："韩正章，昨天早晨，我叫你关门的时候，确有凉意，你可以试着这样说啊：'老师，今天降温了，我衣服穿得少，可不可以上课时让我关会儿门，下课时我再打开？'你用这种商量的语气跟别人说话，铁石心肠也会被打动啊！你想想，你用昨天早晨那种任性的态度进入社会，两句话说不好，你就生气，然后拂袖而去。你说，谁受损失，公司吗？老板吗？"

　　韩正章马上识趣地答道："是我吃亏。"

　　"呵呵，你也不必太过紧张，上一次你和大华嘲讽人，拍人家照片，我都为你们把事情摆得平平顺顺的，这件芝麻绿豆大的事情老师更不会小题大做。只是，你要明白一个理：任何一件事，都是我们学习的教材，都可以教育我们，因为生活就是教育。反过来说，身为老师，又是人到中年，什么人世沧桑没见过？我为何要在这些事上与你们较劲，难道我真的很傻吗？我不明白这样做很可能会得罪人吗？可是，我要是真考虑这个，凡事依顺着你们的话，我就不配做老师了。再说了，人，往往不是败在大事上，而是败在细节上，败在一些看似不起眼，却又不得不重视的小事上。"我语重心长地说道。

　　韩正章连声"嗯嗯"，保证今后再也不利用关门之机搞小动作了。

　　其实这件事已经过了两周。之所以旧事重提，是因为这两周韩正章真的履行了承诺，这说明他是一个能读懂老师善意的孩子。想来，韩正章最终能听取我的意见，应该归功于我之前为他做的铺垫。还有一件事，值得一提。韩正章的外婆前两天去世，又遇上月考，韩正章含着泪来请假，我同意了。当时级长跟我说："如果是遇到高考，也不考试了？"我没有反驳级长。但我心里思量着，高考也好，月考也好，机会有的是，可是外婆去世，出殡送葬，只有唯一一次，错过了，一辈子都会遗憾，为什么要给孩子留下遗憾呢？所以，我要留下文字告诉自己和孩子们：人，才是最重要的！

在苏霍姆林斯基看来，教育首先是人学。所以，关注人，关注人的内心世界，学生才会读懂老师的善意，才会心甘情愿地遵守规则。而对于那种你不听，我就罚，罚你没商量，并且还要把其他同学、班主任牵扯进来的做法，我想，除了增加管理成本，导致师生关系畸形外，更恶劣的后果便是造成人的心理扭曲。

如何令沟通更有效？

周三晚修时，我在办公室准备周四上午的讲座课件，很忙，也很专注，忽然有轻轻的声音唤我。我抬头一看，是韩正章，见他脸色凝重，神情闷闷不乐，我赶紧放下手中的活，指着右侧的凳子，柔声说道："坐吧，有事吗？"韩正章深深地叹了口气，说："心里有点闷，想跟你说说。"我微微一笑，说："好啊，我也想找你聊聊，上次月考你外婆过世，你耽误了考试，但我发现就是从那个时候起你开始进步了，没有抱怨，没有逃避，学习上也很用心，表现可谓可圈可点。"韩正章听我表扬他，虽然是将近一米八的大男子汉了，却仍露出羞赧之色，像个从未出过远门的乡村小姑娘似的，然后小声跟我解释道："主要还是老师你给我的那本《拆掉思维里的墙》起了一些作用，让我改变了一些不当的思维方式。"

"那真是好啊,看来我还得多向大家推荐一些好书。好吧,咱们先不谈书,你说说你有什么郁闷。"我笑着说。

"就是周二下午放学,你知道的,景瑞生日,他请我们吃饭。我把我的游戏机放在床上,回来的时候,游戏机被教官没收了。他叫我写一份材料,保证东西是我自己的,并且还要家长签字。恰好前段时间,高三有个同学丢了一个游戏机,跟我的游戏机一模一样,他怀疑是我偷的。可这真是我自己的游戏机,我还有发票的,但教官好像不相信。"韩正章忧虑地说道。

"我明白你的心情,游戏机本身不是最重要的,你现在最担心的是被误认为游戏机是偷的,对吧?"我问道。

"是啊,游戏机本来就是我的,现在却要遭到怀疑,所以我心里很难受,想跟你说说。"韩正章答道。

"你不要着急,也不要写材料。我去找教官沟通,把事情的真相搞清楚,再决定怎么做,好吗?"我柔声安慰道,"虽然我只教了你三个月,但以我的阅人水平,我绝对相信你的人品!"韩正章看我既伸手相助,又高度肯定了他的人品,脸上顿时露出喜色,连声道谢。我笑笑说:"那你先去自修,我这会儿做课件,明天上午有个讲座,下午回来就处理你的事,好吗?"韩正章温顺地点点头,起身回教室去了。

我们学校对住宿学生的管理是分头管理。学生在教学区归班主任管理,在生活区归生活老师管理(学生喜欢把生活老师称作教官),因此很多班主任都疏于关注学生的生活空间。我则相反,我以为学生更看重班主任关心他学习以外的事情,所以,我会经常与学生谈论他们的生活琐事,也会教他们如何与室友相处,偶尔也会到他们的宿舍去走走坐坐。我尤其强调的是,在学校里,有两种人要格外尊重，一是整日守在学校门口的门卫，他们很不容易，既要不停地为进出的老师和同学开关铁门，又要保证学校的安全；二是照顾他们起居的生活老师，生活老师是一群极易被大家忽视或者呼来唤去的人，他们工资不高，却要整天守候在宿舍里，与各种性格的孩子打交道。在教室里，孩子们的不良行为还会收敛一些，回到生活区域，孩子们的本性得到最大限度的释放，张狂的个性也在此时觉醒，所以生活老师是很难做的。由于我在这方面做了引导，也出台了班规，所以乐美家族的孩子懂得体谅，没有给生活老师制造任何麻烦，而生活老师反过来也对乐美家族的孩子赞不绝口，当然也会上升到赞美我。

　　回过头来说韩正章的事。虽然韩正章信任我，主动找我袒露心事，但我也不能偏听一方，还得找他的生活老师沟通，了解事件真相，以便做出正确的处理。我知道，由于学校的分头管理模式，很多班主任不喜欢与生活老师沟通，甚至还会推诿责任，或者一边倒地责怪生活老师，所以生活老师对班主任多半是心怀不满的。

　　不过我始终相信，不管是班主任，还是生活老师，只要彼此怀有一个相同的目的，就没有什么沟通不了的。再则，只要彼此尊重，彼此理解，心怀善意，是绝不可能沟通失败的。

　　周四下午，我找到韩正章生活老师的电话号码，打过去，说我是韩正章的班主任钟杰老师。还别说，那头的王教官一听，立即就警觉起来。我赶紧笑着说明来电意图，我说："王教官，首先感谢您把韩正章的游戏机收起来，丢失了就是一个麻烦；其次呢，韩正章给我讲了一些情况，我也不能只听他说，我想从您这里了解事情的真相，然后配合您把这件事处理好。"王教官听我这样一说，马上在电话那头笑起来，说："哎呀，钟老师，您这样说，我真的很感激,像您这样的班主任真是太少了,不,几乎没有……"王教官在电话那头不停地说赞美的话,说得我都不好意思了,这也说明班主任的工作只要做到位,稍微关注一下学生的问题,人家就会感激得不得了。

原来王教官收走韩正章的游戏机是有原因的,并且从这些原因中也看出王教官是一个认真负责且做事周全的生活老师。他说:"其一,那天下午,韩正章的寝室门大开,游戏机就随意地摆放在床上,我担心有人趁机拿走,所以就帮着收起来了;其二,高三学生要毕业了,有点乱,害怕惹出乱子,所以我行事不得不小心一点;其三,恰好前段时间高三有个学生丢失一个一模一样的游戏机,害怕产生误会找麻烦;其四,学校本身也不允许带游戏机到宿舍来,因为有些小孩自控力差,晚上疯玩,会影响睡眠。"王教官的话不无道理,于是我赞同道:"真是谢谢王教官考虑得这么周全,这样吧,孩子家长这边我来负责沟通,看看游戏机是否是家长买的,然后我再给孩子说清楚,周末的时候将游戏机带回家,再也不要带到学校来。您看这样处理行不?"王教官在电话那头忙不迭地附和:"可以啊,谢谢钟老师啊,您跟家长沟通好就可以,到时您给我打个电话,我把游戏机拿给孩子就行了。"

我和王教官的沟通非常顺利,彼此达成协议:今后宿舍里有不良情况发生,及时通告我,我会配合处理。王教官也很开心,检讨说他今后做事还要再细心一些,千万别伤到孩子的自尊。我想,我和王教官沟通的目的就是这样,为了孩子,咱们必须互相配合,任何一方都不可推卸责任。

之后,我又与韩正章母亲沟通,再跟韩正章讲述了王教官的做法以及想法,希望他放开心胸,不要怨恨王教官。韩正章心头的迷雾总算被我拨开了，脸上露出开心的笑容。周六下午我问韩正章："游戏机拿到没？"韩正章雀跃地说："拿到了。"我笑着说："那你得遵守诺言，把游戏机拿回家，再也不要拿到学校来了。"韩正章顺从地点头答道："嗯。"

其实这件事的关键在于如何与不同的人沟通，之所以皆大欢喜，我想主要原因是沟通过程中没有暴力的介入。此外，我的真诚与善意更大大提升了沟通的效果。我听到很多老师与家长或者与学生、生活老师沟通都是火冒三丈的，究其原因，都是想说服对方、否定对方、控制对方，根本不愿意去倾听对方，才由此造成沟通的失效和失败。

情感交流必不可少

早在4月中旬，学校就宣布：4月29日晚上，举行庆五一文艺会演，每个年级的老师都要准备一个合唱节目。消息一出，级长就召集我们开会，说来说去，无非是给我们打气，鼓励我们勇夺第一，因为夺得第一可以获得3000元钱的奖金。级长又许诺说，得到第一可以利用周末到外面玩一天，于是全年级老师士气大振，纷纷表态努力夺第一。

虽然士气旺盛，但我心中颇为丧气。唱歌对我来说，无异于赶鸭子上架，是一件极为痛苦的事。但为了不拖年级后腿，我也只得咬牙上。

首先是选歌，德高望重的音乐老师刘老师为我们选了关牧村演唱的《打起手鼓唱起歌》。接着是每天下午第八节课全体老师练歌。

一练才知道，这首歌的演唱难度非常大。尤其是后面的"来来来，来来来，来来来……"，无论刘老师怎么教，我们就是学不会，唱起来就像赶鸭子的人在唤鸭子回笼。刘老师很有涵养，无论我们唱得多差，都尽全力指导。无奈，隔行如隔山，直到27日，刘老师也没把我们这群"笨蛋"教会，气得连连摇头摆手说："罢了罢了，我这做得难受啊。"看刘老师的样子，真是对我们"怒其不争，哀其不幸"了。

怎么办啊？采取什么措施补救呢？28日早晨，我正在教室里指导孩子们早读，级长在门外朝我招手叫我出去，她说："赶紧停止早读，打开公共文件，调出伴奏带，让学生跟着练唱，明天就要上台了，我们把学生也调动起来，或许气氛要好一些。"我领会级长的意图，赶紧打开电脑找出伴奏曲播放，让孩子们跟唱，哪知孩子们比我还茫然，根本无从开口，傻傻地望着显示屏。

28日下午，我们先练唱，随后去练习走位。在台上站好队形，又唱了一遍，仍然没唱出音乐本身的味道。事后我在办公室听高二年级的级长说，主持人唐老师评价高一年级唱得最差，听得几个其他年级的老师低声偷笑。我心想：糟了，只怕我们高一年级勇夺第一无望，倒数第一倒是板上钉钉了。不过也无所谓，玩嘛，图的是开心，何必明争暗斗的？

29日晚上7点30分，文艺会演正式开始。不管我们唱得好与不好，丑媳妇始终是要见公婆的。只是那个第一，我们确实是没有希望拿到了。因为从很多渠道我们得知，高三年级、高二年级、初三年级，都唱得倍儿棒。至于会不会拿个倒数第一，就看我们的临场发挥了。于是同事们又互相安慰鼓励："尽力唱吧，反正是玩，开心就好。"是啊，本来就是玩，何必那么折磨自己呢？

这样一想，心中石头也就落地了。尽管唱得不好，我们还是泰然自若地走上舞台一展风采。

对于音乐，我的悟性实在不敢恭维，听听还可以，唱歌真是有口难开，而且严重地记不住歌词。可级长明确规定，不准带歌词上台。怎么办？还是我的孩子们靠得住啊！他们聪明，在快易贴上用五号小楷把歌词写出来，背后再贴上双面胶，然后撕开双面胶，粘在我的手心里。手心朝里，别人都看不见。演出的时候，我站在第二排，记不住歌词的时候，手心朝上，轻轻上抬，我就能看清歌词了。

做好这些准备工作，我就带着孩子们下楼到架空层入座等待观看演出。令我特别感动的是，之前对我有成见的李子安还特意为我准备了润喉片。其他孩子则不停地给我打气："老师，别紧张，我们支持你！"

应当这样表述：唱歌的时候，我真的很糊涂，不知道自己是怎么唱完的。但我分明听到了台下如雷的呐喊："钟杰，钟杰！"我知道，这就是乐美家族孩子所谓的"给力"。他们响雷般地叫着我的名字，就是给予我力量，希望我能够有勇气去面对自己并不擅长的事情。突然之间，我把歌词全忘了，心里盛装的是满满的感动！

我们唱完下台后，孩子们都热切地跟我说："老师，我们喉咙都喊痛了，你们唱得还是不错的。"

是还不错，我们得了二等奖，排在第四名。虽然没有勇夺第一，但也没有名落孙山。这个结果超出预期，我们每个人都觉得开心。

文艺会演结束后，我带孩子们回到教室，看着一个个满面笑容、青春洋溢的孩子，我的心里真的很快乐、很感动。与他们相处两个多月了，虽然有误解，甚至有矛盾，但更多的是得到了孩子们的理解和热爱。还有20分钟才下晚修，这20分钟用来做什么呢？看书写字？激奋的心情还没消失，孩子们是没有心情读书写字的。跟他们说班规班纪？简直是扫兴。那我们怎么来打发这20分钟时间呢？聊天。这个时候，孩子们的心都打开了，是拉近师生关系的最佳时机。

我笑着说："我想抒抒情，是抒情，不是煽情。你们愿意听吗？"

"愿意。"孩子们欢喜地答道。

我笑笑，动情地说道："其实，这两个月来，我的压力是很大的。首先，我孤身一人到深圳，在感情上，我是很失落的。尤其是作为母亲，最难舍的是自己的孩子。我的儿子，从怀他起，就没离开过我，不管我到哪里，都带着，可这一次，我丢下他，一个人来到这所完全陌生的学校，不舍和失落是在所难免的。其次，我来到一个完全陌生的地方，之前的一切努力及成果都归零。不管我以前获得过什么荣誉，做出如何骄人的成绩，赢得过怎样的威望和口碑，在这里通通清零。稍有不慎，我就会被批评，甚至被非议。再次，我还常常感到郁闷，为什么呢？因为我的教育理念跟一些管理者的理念相抵触。我要从学生的可持续发展入手解决问题，可他们解决问题的思维模式却是短、平、快的一刀切。他们要的是立竿见影，我讲究的是慢工出细活。这种矛盾一时难以调适，又不可能完全随着我的性子来，我只能在夹缝之中艰难地寻找平衡。所幸有你们的理解与支持，不然，我真的难以支撑！演出前，我和大家照相，正好校长从我们教室外经过，有同学让我去和校长照一张。我笑着说，我要和你们照，因为你们是离我最近的人，是我最靠得住的人。我说这话不是信口开河,而是真诚的表达。我每天在这个屋顶下与你们相处,与你们咫尺相望。我要是有点不舒服,我百分之百相信,第一时间关注我的,是你们!……"

我的话匣子好像打开了,缓缓地不停地说着。没有孩子表示反感,他们都专注地听我絮叨着。我知道,那一刻,我的心与孩子们的心终于靠在一起了。这一周,乐美家族的成员空前团结,无论是清洁还是纪律,抑或晨读,都有了质的飞跃。

我始终崇信"教育就是人学"的观点,学校教育的核心在于人与人之间关系的经营。如果人与人的关系出现了裂痕和分歧,不管多么刚硬的制度,多么有理的言论,多么精彩的教学,都是没有用的。

"青蛙效应"正利用

心理学上有一个著名的心理效应叫作"青蛙效应",是说看不到危险的时候,危险就会降临。这个效应实则是教人时刻保持头脑清醒,随时警惕周围是否有危险发生。

事实上,很多人都很容易被眼前假象迷住,从而丧失自我,成为别人的掌中之物。利用"青蛙效应"去迷惑别人,从而将其玩弄于股掌之间,这样的人,当然是要遭到鄙视的,严重的还会被集体边缘化。

但如果怀着美好的动机、善良的本意、诚挚的用心去利用"青蛙效应",这样的行为,我以为是大慈大善!

周一的激情演讲虽然能令孩子们心动,但未必能令之诚服。因为孩子是追求真实的,不似成人那般沉溺于虚妄的空谈。

我仔细观察了,虽然孩子们对我彬彬有

礼,但总是显得生疏。我知道,无论我嘴上说得多美多甜,在孩子们看来,都是假的。唯有走近他们,与他们敞开心扉交流,他们才会真正对我敞开心门,从而允许我进驻他们的心灵。

于是我想到了"青蛙效应"。我为什么不可以真诚、友好地走近孩子们,取得他们的信任,赢得他们的爱戴呢?然后于不知不觉中把我的带班理念、育人观点、教学风格、管理方法等渗透到孩子们的心田。这样一来,我的目的不就轻松达到了吗?

那要怎样才能让"青蛙"失去警惕呢?我找到高一(七)班所有孩子的上学期期末成绩单,仔细分析之后,利用所有空档找孩子们来谈心。

当然,所谈内容无非就是先激励,再面对现实具体分析,然后制定目标,提出我的期望。高中的孩子,目的性都很强,说白了,他们之所以来读高中,就是因为想考大学。所以,直抵他们的目标来谈,并且给他们提出可行的建议,他们的话一下子就多了起来,纷纷兜底,说他们哪些科目学不好,无论怎么努力也补不上来;哪些科目是强项,可以靠这些科目拉分;哪些科目学得还不错,只是因为考试时发挥不好,导致失利。趁着孩子们的谈兴高涨,我赶紧向他们提出新的期望,并且郑重其事地记录在册,说:"我期待着你们的进步,我会随时关注你们的。""青蛙们"果然上当了,他们纷纷向我示好,打招呼热情了,眼神里多出一抹暖意。尤其是几个原本冷淡傲慢的才女,竟然主动向我靠近。其中最具才情的路希姑娘,跟着我楼上楼下地跑。我随口问她:"最近都读些啥书啊?"路希说:"杂志啊,动漫啊,还有《故事会》之类。"我刚想发表意见,路希马上补充道,"不过,现在不太看《故事会》了,觉得太肤浅了。"我笑笑,说:"现在你们可以看一些有深度的书了，下周，我给大家开个书单。我们可以搞师生共读，一个月读一本书。"路希闻言异常惊喜。随后，看见路希拿着一沓请假条（周五他们负责课间操的检查），我又说："我也支持你们参加一些社团活动，我最讨厌读死书了。"路希欢快地应和道："老师，我也最讨厌读死书、死读书。"我嘿嘿一笑，竖起大拇指，赞道："英雄所见略同！"

这一天，我通过不同的形式，与十多个孩子进行了近距离的交流。我不敢说自己已经占据这十多个孩子的心灵，但我敢肯定的是，这十多个孩子绝不会和我唱反调了。

我国著名的教育家陶行知先生说过，真教育是心心相印的活动。唯独从心里发出来，才能达到心的深处。一个班主任，只是站在讲台上喋喋不休地说大道理，除了收获学生的冷眼与不屑之外，还能收获什么呢？所以，要想赢得学生的感情，就要投入感情，要想赢得学生的心灵，就要用自己的心灵去温暖学生。唯有如此，才能和学生心心相印，才能打动学生的心灵，学生才会允许你走进他们的心灵，教育也才会有效果。

值得一提的是，下午，有个孩子非常焦急地告诉我："老师，以前老七班的一个学生，他现在已经分到二班，私自出校门，被抓住却还谎报是七班的，现在小白板上已经公布出来，我们班被扣分了，你可要去找德育处的张老师说清楚啊。"我还能说什么呢？七班被扣分，孩子们紧张了，这说明什么？说明他们认可这个班级了。这真是一个好消息！如同阴冷了半月之久的深圳，终于等到太阳冒出头来。

中国有句古话叫作：你敬我一尺，我敬你一丈。孩子们也许不爱说这种话，但他们一定明白，谁对他好，他就要对谁好。这正是孩童世界的交往规则，为师者应谨记。

言传身教，及时引导

我曾说过，宏俊是乐美家族长相最俊俏的男生，但同时他也是班上缺点最多的男生，比如：动作缓慢，做事拖拉，上课发呆，神思游移，读书不开口，课桌不整理，等等。这些缺点绝非如今才有，而是积习已深，想要他立即改正，无疑是妄想，因此我并不着急，陪他慢慢改变吧。我相信，只要我足够坚持，他身上的缺点就无法持续。

昨天晨读前，我说："宏俊，你现在坐在窗户旁了，读书声音可要洪亮一点啊，不然检查的同学听不到你的声音，我们的等级就要下降哦。"我的话音刚落，宏俊就接口道："那就换座位吧。"我脸色一沉，严肃地说道："不行！"宏俊虽然缺点多，但他并不叛逆，听我话锋凌厉，也就讪讪不语，低头佯装在桌洞里找书。

考虑到宏俊浑身的缺点，我想，这次必须"小题大做"，帮他抖掉身上的缺点了。于是我走上讲台，非常郑重地朝孩子们打一个暂停的手势。本来在闲聊、嬉笑的孩子们看到我手势，立即打住，教室里登时鸦雀无声。

我扫视全场，慢条斯理地说道："先申明，我是对事不对人，只是对人的行为表达我的看法，提出我的建议，对于人本身，我没有其他想法。先说薛灵吧，昨日晨读，检查的同学走过去后，薛灵才想起扎头发，晨读结束后我跟她说：'这次你违规了，肯定要扣分。'薛灵一听，舌头一伸，很是难为情。我没再说第二句话，为什么？因为我知道薛灵不会为自己找借口，她一定会注意的。今天早晨，我仔细观察了，薛灵早早就把头发扎了起来。因而薛灵的行为只能算是失误，失误在所难免，我们班即便因此被扣分，我也并无怨言。但是宏俊呢，我提醒他读书大声一点，他马上说换座位。换座位能解决读书声音大小的问题吗？显然，这是在为自己找借口！不仅是宏俊，我们班好多同学都有为自己找借口的习惯。比如昨天下午上专业课，我经过六班，竟然发现乐美家族有两个男生在跟六班一个女生闲聊，注意，这不是下课时间，而是正在上专业课！我问他们怎么不在美术室上专业课，两个同学竟然异口同声地说他们才下来一小会儿。这就是借口了，在上课时间偷逃出来，即使只有一分钟，也是偷逃，怎么可以说是'一小会儿'呢？等我从六班走到咱们班，嘿，竟然有三个同学滞留在教室玩电脑里面的单机游戏，我问同样的问题，呀，三个人异常齐心，答得同六班教室里的两个人如出一辙。这是什么？还是在为自己找借口。"

我说话的语速比平时稍慢一些，而且一边说还一边拿眼睛扫视那几个特别喜欢找借口的孩子。那些孩子在我的扫视下，羞愧地低着头。

　　说完孩子，又说我自己。我说："我带你们三个月，你们自己也知道，我们遭遇多少困难，我个人受了多少委屈。但是，你们听到我埋怨了吗？听到我找借口了吗？哪一次困难我不是和大家一起挺过来了？现在我们乐美家族可谓蒸蒸日上，试想，如果当初问题出来，我都找借口搪塞，我们的班级会有这样的局面吗？我说这些话的目的就是想告诉大家：真正的勇士都是迎难而上的！既然我都不找借口，那你们——乐美家族的成员，有什么理由为自己找借口呢？所以，从现在开始，咱们乐美家族的所有同学都要形成这样的意识：永远不要为自己找借口！满嘴借口的人是弱者，这个社会不欢迎！"

　　这是我昨天早晨在教室里的即席发言，我不认为是说教，而视之为引导。今天早晨我进办公室前特意绕道去看了小白板上的量化考核以及读书等级。量化考核是100分，读书等级是A。这说明什么？只要老师愿意引导，善于引导，教育必会出效果的。教育中只有管理是可悲的，但如果缺乏及时的引导则是可怕的。所以，作为班主任，哪怕是发现学生一抹怪异的眼神，一个微不足道的不良细节，都应该高度重视，或直言相告，或婉言劝之，或私下交流，或当众评析。无论是何种方法，以学生能接受为基准。韩愈说："师者，传道授业解惑也。"所以，为人师者，始终要牢记自己为师的身份和职责，不断寻找与学生心灵碰撞的契机，谆谆教诲，孩子的内心才会变化。一旦内心转变，孩子的外在行为就会随之改变，教育的成效不言自明。

规避惩罚的最好办法是"慎独"

不少孩子说，光明中学的制度太严格了。其实在我看来，并非制度苛刻，而是孩子们的规则意识太差，致使管理成本加大。由此，管理者也变得情绪化，以至于采取一些非理性和一刀切的管理办法。

比如，大课间的时候，由于操场草皮需要保养，课间操改成跑步。那些温室里长大的大小姐大少爷顿时面容失色、惊慌失措。他们要么滞留在教室，要么躲进厕所，要么藏身小卖部。那些没地方躲不得不去跑步的人，少数是在有模有样地跑，多数则是懒洋洋地以走代跑。面对这种情况，怎么办？难办！除班主任在一旁监督之外，体育老师还得拿着话筒不停地喊。然而上有政策，下就必有对策，稍不注意，那些不想跑的孩子就如游鱼一般溜走了。没办法，学校最后不得不出损招——把教学楼两边的铁门锁了,再派学生会干部把门。这下没办法了,那些孩子只好心不甘情不愿装模作样地慢跑。

再比如下午的眼保健操。尽管每个孩子都知道做眼保健操对他们的眼睛有好处,可有些孩子就是不做!他们甚至借上厕所的机会,躲到外面玩去了,更有甚者,还躲到厕所抽烟。于是,检查干部只得拿出一刀切的极端手段:不管什么原因,只要在眼保健操时间上厕所的,一律扣班级分。

还比如,不少孩子在课桌上堆了厚厚的一摞书。有些孩子就算桌上书堆得再高,他也不会搞小动作,但有些孩子就会钻空子,把头埋在高高的书堆中,要么睡觉,要么玩手机,要么看小说……总之,小动作不断。于是乎,级长一声令下:所有人不得把书堆放在桌面上,违者扣分没商量!学生为此叫苦连天。毕竟,桌洞小,书本多,不堆一些在桌面上,就实在没地方放了。

还有很多很多例子,诸如不准女生披长发,不准关后门,不准在窗台上放东西,等等。

可是,尽管有许多的"不准",尽管每天都要在小白板上出示各班的量化考核分数,但问题仍然层出不穷。

面对这种情况,我该怎么做?该如何引导学生去应对这样的量化考核呢?公开与学校的管理者叫板吗?学校采取这种极端的管理办法也是不得已而为之。不过,这种不得已的苦衷最终会造成管理成本的增加,以及学生和学校之间矛盾的加剧。

其实,部分学生的无规则意识跟家庭、学校相关教育的缺失与社会不良风气的影响有关系。有些学生家长处事圆滑,爱走捷径,不守规则。他们的无规则意识自然也就在不知不觉间影响到了孩子。因此,在部分孩子看来,守规则为耻,不守规则为荣。久而久之,原本遵守规则的孩子就会发觉,那些不遵守规则的同学竟然过得更快乐,也更自由。于是,原来遵守规则的孩子也开始寻找规则漏洞,并以此来达到自己不守规则的目的。如此一来,本来密织的规则之网就被戳得千疮百孔。

但是,如果集体中的每个人都怀有"只有别人遵守规则,我才遵守规则"的攀比心理,那这个集体势必会"烧成一锅沸粥",烫伤的将是每一个围着"锅头"转的人。

儒家提倡"慎独"的修身方法,即人们在独自活动无人监督的情况下,凭着高度自觉,按照一定的道德规范行动,而不做任何有违道德、做人原则之事。如果,我们的孩子能够做到"慎独",那些极端的非理性管理就会自动消失。归根结底,要规避无意义制度对大家的惩戒,最好的办法是将"慎独"的修身方法落实到每一个人的行为中去。

"慎独"自然是解决问题的根本办法。只是,我要如何才能让孩子认可"慎独",并践行"慎独"呢?这或许是一个需要长久思考并持之以恒去贯彻的课题。因为,这与人的修为有关系,而修为又跟他的家庭环境、成长背景以及自我教育能力有关。

谨防家长成为师生关系的障碍

昨晚,是由我负责照看的晚修课。一进教室,我就看出阿星不对劲。

首先是她看我的眼神,似乎对我厌恶至极。其次是我在讲台上发言,她则念咒似的在下面小声回应,听不清具体的内容,不过从她不屑的表情来看,定是在顶撞我。

我心中纳闷:阿星虽然脾气怪,但一直是一个很阳光的女孩啊,并且一直以来和我也处得不错,怎么突然对我心生厌恶?我搜肠刮肚一番,自问从未对她有半点微词或者恶评,这番突如其来的仇恨究竟出自哪里?一时间,我是丈二和尚摸不着头脑。

事情讲完,我走到阿星旁边,轻声问:"你怎么啦?"阿星脸上一阵黑云涌过,嘴巴一撇,头一歪,不睬我。我问她同桌娜娜,娜娜欲开口,扭头看看阿星,阿星眼睛一瞪,娜娜赶紧摆手摇头,说:"不知道。"

阿星不说,娜娜不敢说,但我心中无愧,于是也就放下此事,安心做其他事情了。

晚上回家,待我收集整理孩子们的班级问题诊断书时,竟然发现了三张写有指责我的话的纸条。有两张纸条上的字体非常娟秀,内容几乎一样:

班主任很啰唆,每节课都要讲一些与课堂无关的废话,有时要讲掉半节课。

我有这么差吗?以我的专业水平,我会每一节课都讲与课堂无关的废话吗?这显然是故意写来气我的!我拿着纸条仔细辨认,应该是阿星和娜娜写的。还有一张纸条上写着:请老师不要插手学生的私事。这张纸条上的字写得不甚好看,应该是一个男生写的,但究竟是哪一个男生,我一时难以分辨。我纳闷了,我又何时插手了学生的私事?我给家长发条短信,或者是打个电话交流,都会事先与学生沟通。我又怎么插手学生的私事了呢?这些孩子所指究竟是何事?他们究竟想要表达什么抑或是发泄什么?

今天上午第一节课,恰好是班会课,我说:"本来今天我准备上一堂关于'知行合一'的讨论课,但鉴于昨晚我收到同学们的班级问题诊断书,反映出不少问题,所以,这节课就讨论解决目前存在的问题吧。不过,在讨论问题之前,我想与大家做个沟通。有同学说我插手学生私事,我想要说明的是,学生到学校来,一是为了学习,二是学会做人。只要你的事影响到学习和做人,就不算是私事,我插手,是我的职责所在。其他的事,只要不违反应该遵守的规则,我以为那都是你的自由,只要你不愿意我走进来,我绝不私自闯入。另外,我想提醒大家,如果你觉得老师在某个方面伤害了你，或者是你听到了其他人打着老师的名义跟你说三道四，那么，请把话摆到台面上，打开天窗说亮话，不要瞎猜。因为这样做，既让自己难受，也会伤害别人。"说完之后，我拿出昨晚写的文章，说："同学们提了不少问题出来，我们目前也不可能全部解决，先听听我的一些分析和看法吧。"说完，我开始朗读我昨晚写的《乐美家族的发展瓶颈》。我读得很慢，声音很沉，孩子们听得也很沉重。

读完，我说："其实，我们每个人都希望乐美家族好，但是，是不是每个人都在努力地为乐美家族贡献自己的力量呢？光有心有什么用啊？还要有行动才行。"孩子们被我说得羞愧地低着头。随后，我说："咱们的远期目标毋庸置疑，是考大学，中期目标和个人目标呢，我们下周来确定。现在我们要确定的是近期目标，我想请问大家，咱们乐美家族目前最希望达成的目标是什么？""'朗朗读书奖'和文明班。"不少孩子答道。我笑笑，说："我们确实应该定这样的目标。很好，咱们就把乐美家族的近期目标定为'朗朗读书奖'和文明班。我想统计一下，赞成这个目标，并且愿意为这个目标努力的同学请举手！"有两个同学没有举手。其中一个是于寒，我知道她很努力，只是她不愿意举手而已。还有一个是坐在后排的文凯，他低着头，没有举手。他为什么不赞同这个目标呢？课堂上不好询问，我只当没看见。不过我知道，事后得找他聊聊，估计他对我也有一些不满吧。

阿星在下面要么是咬嘴唇，要么是努嘴巴表示不满，但最终她还是举手表示赞同。

我知道她心里对我感到厌烦，所以即便我很无辜，也没再理她。待到大课间，我让体育委员林飞带大家下去跳绳，我则拉着阿星说:"我心里也很烦躁,不如你陪我聊聊吧。"阿星厌恶地把手一甩,说:"我不!"阿星很瘦弱,手腕纤细得如一根小竹竿,她使劲甩也甩不掉我握住她手腕的手。没办法,她只得说:"你去问娜娜吧,她知道情况。"我笑着问:"娜娜知道情况?"阿星不耐烦地说:"知道。"

既然娜娜知道情况,我何必缠着阿星,何不先找娜娜,问清楚事情的来龙去脉再来定夺?

于是我转身下楼。这时,有几个女生跟着我,问我:"老师,你最近给阿星家长发过什么短信没?"我愕然,说:"没有啊!我都好久没跟阿星的家长联系了。我只是用校讯通给每个同学的家长发了关于学校禁带手机的信息,这会伤着阿星吗?"这几个女生听我这样一说,吁了口气,说:"老师,既然你没发,那就是阿星误会你了,没事了。"我惊讶地反问:"阿星干吗要误会我?"几个女生笑笑,说:"我们都知道,阿星这周回家被她爸爸骂了,说是你发短信告诉她爸爸,说她在学校谈恋爱,她很难受,生你的气。"

哦,原来症结在这里!

跳绳完毕,我上楼看到阿星,说:"阿星,现在我郑重地告诉你,这件事与我无关!我没有说任何一句关于你恋爱的事。"阿星看我说得严肃又认真,先是有点惊讶,接着释然,说:"我也觉得老师不会这样说,但我爸爸说得像真的一样,还说短信是周三发的,我还看到了你的名字。"我无奈地笑笑,说:"我发出去的所有短信都是有记录的,现在你马上到我办公室,我把记录调出来你自己看。"阿星心中的疑惑的确不浅,便随我进入办公室,站在一旁看我调出周三的短信记录,然后读了一遍。读完,阿星跺脚,恨恨地说:"啊?!我爸爸骗我!"恨声说完后,她又拖长声音撒娇道:"老师,我错了,我给你道歉,我错了,我真的错了。"

我笑笑,说:"我没什么,只是请你记住,今后不管有什么事,先别瞎猜,沟通之后,明确真相再下判断,对自己、对别人才公平。"阿星连声"嗯嗯",不停地点头表示同意,随后便一脸轻松,欢天喜地地走了。

望着阿星离去的背影,我心中微微叹了口气。不少家长,自以为把老师抬出来可以吓到孩子,殊不知他们这样一做,无疑充当了一个离间师生关系的"杀手"。那么,班主任老师该如何防止家长在无意之中使师生关系恶化呢?

我以为做到以下几点即可:

第一,发生重大事件,必须与家长沟通时,一定要当着孩子的面进行沟通。

第二,与家长的交流内容最好做个简单笔录,以便今后查对。

第三,给家长发的短信,最好保留一段时间,万一学生产生误会,这是最好的证明材料。

有一句话叫作"关系大于教育"。而家长,往往又会在无意识之中成为破坏师生关系的"杀手",因此,班主任老师一定要谨防这一类事件的发生。

孩子为何如此听话？

来到深圳后，我才发现，在内地，即便是一所市级中学，其办公条件也无法与深圳的一所边远郊区学校相比。可长期在这里工作的老师们并没察觉到这一点，他们觉得比起市区里面的学校，条件又差远了。

也正是由于办公条件优裕，所以我经常会看到办公室或教室里成堆地放着一些只字未写的稿纸，或者是只用了一面的A4或A3纸。看着这些纸被白白浪费掉，我心里就会难受。

于是，收集这些所谓的废纸，将其裁成小片进行再利用便成了我的一个爱好。孩子们有时会善意地提醒我："老师，我们有本子，本子都用不完呢。"

是的，孩子们都有一摞一摞的本子。但是，我仍然乐此不疲地做着在别人看来小气，在自己看来很有意义的事情。

时间久了，孩子们也看惯了，理解了，并且有时还会主动把教室里搁置的过期试卷裁下来供听写或默写之用。

如果仅仅是收集废弃的过期试卷或稿子进行再利用，那也不足为奇，可令孩子们恼火的是，我还要坚持不懈地干涉他们对作业本的使用。比如，谁的作业本上两次作业之间的空行太多，我就会在本子的顶端写上：下一次作业，请你紧接着上次的作业做，好吗？如果提醒无效，我就会加重语气：请节约用纸。我坚持不懈地提醒了半个学期，大多数孩子都养成了惜纸如金的行为习惯。可是，仍有那么两三个孩子对此充耳不闻，我行我素。

男生中不节约用纸的典型就是乔立和宏俊。乔立的字在男生中还算是写得漂亮的，但是作业本消耗非常大，写作业随心所欲，这里写一点那里写一点，隔两天，本子找不到了，又抓出一个新本子，上面同样是随心所欲地到处写着。宏俊呢，一手字写得超烂，跟他的长相简直是相差十万八千里。字写得烂就不说了，一时半会儿也练不好，但他还有虐待作业本的习惯。我提醒他，他点头说下次注意，到了下次他又忘记了。

女生中不节约用纸的典型是玫嘉和黎沐。玫嘉，看似温柔女孩，其实颇为豪气，字写得潇洒漂亮，但过于随意。并且她喜欢一道题用一页纸来做，其中的浪费简直骇人。黎沐呢，一个外表温柔内心执拗的女孩，一手钢笔字写得歪歪斜斜，桀骜不驯。正所谓字如其人，黎沐在公开场合虽寡言少语，但行为举止却带着一股自有主张的犟劲。

其他孩子在我的提醒下，自动做了调整，可这四个孩子对我的提醒却置若罔闻。我要怎样才能让他们明白并接受"节约资源是每个人的义务"的道理呢？

乔立好面子，所以我使用比较法。我把语文科代表喻梅与乔立的作业对应地摆在一起，温和地问乔立："我们不说质量，单从视觉来看，你觉得老师看哪一本作业心里会幸福一点？"乔立低头一看，脸红了，指着我左手旁喻梅的作业本说："当然是这一本。"我微笑着说："咱们都不缺买作业本的钱，我也知道你家里有钱，只要你愿意，买多少作业本，你家长都不会埋怨，反而还会很高兴。可这与钱无关啊！这根本就不是金钱的问题，这是一个意识问题。我不是说大道理，作为21世纪的中学生，如果连'节约资源人人有责'的道理都不懂，或者是懂而不做，我觉得是很可怕的事！这虽然并非违规，却是严重的素质问题。我不希望我的学生今后走出学校，是一个在物质上穷奢极欲，对资源浪费无度的人，我觉得那样的人很可怕。所以，我真诚地希望你从现在开始，从节约一张纸开始，用行动来表示你是一个受过良好教育的人。"乔立没有反驳，面红耳赤地点头应承。我想，乔立没有反驳我，并非看在我是班主任的面子上，而是他自觉理亏，因为我一直都在用行动告诉他们：节约资源是每个地球人的责任。

至于宏俊，我也找到一个契机，是他的父亲给我发了一条短信，我正好由短信说起。我找来宏俊，请他坐下，笑着说："宏俊，你是乐美家族最漂亮的男生吧。"宏俊听我赞美，得意地扬起眉毛，还悄悄地竖起大拇指直抵自己的胸口。趁宏俊还沉浸在得意之中，我马上又打击他，说道："可是你的字是最烂的呢。"宏俊一听，立即弓腰驼背，神色委顿。"不过也不要紧，我们不可能都成书法家，我的观点是，只要写出来的字整齐干净，能够轻易地认出来就好了，这个要求不算苛刻吧？"我拍拍宏俊的肩膀说。宏俊羞赧地点点头。

"另外，我还想请你看一段文字，是你爸爸发给我的，我看了这段文字，心中有愧呢。"我一边说一边从校讯通的家长留言里调出宏俊父亲发给我的短信：

谢谢钟老师。孩子能在名师的指导下成长，是孩子的福气。我们作为家长也很欣慰，也很放心，再一次谢谢您！

"你看你父亲把我称之为名师。可我始终认为，高徒才能成就名师。所以，我能不能成为你父亲口中的名师，跟你的关系是很大的。咱们今天暂且不说成绩的事，就说你对作业本的使用，就难以达到高徒的标准，没有高徒，我成什么名师啊？"我边笑边说。

宏俊并非笨人，听出我温软的语调中暗藏犀利，再加上看了他父亲发给我的短信，马上醒悟似的说："我今后会注意的，以前没有那种意识，现在不会了。"

谈话到这里，我觉得可以结束了。待宏俊起身的时候，我微微一笑，说："我很期待做名师哦。"

至于两名女孩子，可怪了。她们之所以迟迟不愿遵我吩咐办事，是因为想要考验一下我对她们的重视程度。现在见我为这么一桩其他老师百分之百不会计较的小事单独约见她们，还轻声细语地叮嘱，心中才恍然明白，原来老师一直是关心她们的。于是两名女孩欣然表态，今后把那些空着的纸张都写上作业。听两名女孩自揭谜底，我也才恍然大悟。原来，每个孩子都很在意老师是否关心他们。他们会趁老师没有任何防备的时候对老师进行考验。所以，为师者一定要了解学生的需要，要把学生放在心中，否则，学生就不会把老师放在眼里。

值得一提的是，下午有我的语文课，课前进行了默写。收来检查时我发现，四个孩子都自觉地把默写内容写在了开头的空白纸上。

　　看着这四份作业，我心中颇有几分感慨。总是有老师很羡慕地问我："怎么你的学生在你面前总是很听话啊？"起初，我认为是我很幸运，每一届都遇到听话的学生，后来，我慢慢发现并非如此。就算是同一个孩子，在我面前很听话，在别的老师面前却不一定听话。如今，伴随专业意识的觉醒，我才知道，学生愿意听我的话，跟我的性格、人际关系处理能力以及带班理念有很大的关系。

　　首先，我的性格明快、乐观、阳光、真诚且善解人意。其次，我的言语表达方式比较温和，很容易深入倾听者内心，倾听者不会产生抵触心理。而我的带班理念、我的所言所行，无不在为孩子们的生命奠基，为我们的社会培养合格的公民。因此，我在引导他们做合格公民的同时，把自己也变成了合格的公民，并且时时处处严格要求自己。哪怕是一张纸的利用，一瓶水的处理，我都为学生做出了行为表率。

没有换位思考何来自我教育？

昨天上午大课间的跳绳练习，男孩们练得很起劲，也很热闹。为了能在周五的比赛中胜出，他们一直在练多人合跳，甚而出现七人一次性全过的佳绩，大家兴奋得直拍掌。可是，当我们怀着喜悦的心情回教室时，我看见宏俊和周维贤两个人在二楼厕所旁躲着，十分享受地在聊天听音乐。

我没有发火，也没有责备，笑呵呵地说："第三节下课，你们到我办公室来，咱们聊聊。"然后转身上楼。

第三节下课，我在办公室等着，两个孩子也如约而至。我笑着说："周五就要比赛了，年级要求全员参与，大家都在练，可你们两个人却躲一边歇着。我也不想责备你们，咱们置换一下身份，如果你们是乐美家族的班主任，我是学生，面对这种情况，你们将采用什么方式来处理，才能使我认识到错误，今后不再犯？"

两个孩子面面相觑，不知如何回答，估计他们没想到我会出这一招。

我仍然微笑着，不紧不慢地说道："教育不是我一个人的事，是我们师生共同的事。不要以为是我在教育你们，应该是我们自己教育自己才对。比如我，出了这样的事，我就应该教育我自己，为什么我的学生不用行动来表达自己对班级的热爱？光是心里装着爱，没有行动表示，有什么用呢？知行合一才是真理。那么，我要怎么做，才能让我的学生不仅心里热爱自己的班级，更会用行动来表达对班级的热爱呢？这样不断地自我教育，人就成长了。所以说，教育不是某一方的事，而是师生共同思考和参与的事。"

两个孩子显然没听懂我噼里啪啦说出的一番大道理，迷惑地望着我。我轻轻一笑，说："简单地说，就是事情出来了，老师和学生一起面对和承担，老师可以教育学生，学生也可以教育老师，教育应该是师生之间的互动行为。"

两个孩子总算听明白了，笑着点头应承。

我说："我给你们充足的时间思考，想清楚，想明白，然后郑重地给我提个建议。那就是，如果你们是班主任，我是学生，面对这样的情况，你将如何处理？不要着急，慢慢想好，不要违心，实实在在地告诉我。明天早晨交给我就好。"

现在，我的桌上就摆着两份建议，我们来看看他们是怎么思考的。

宏俊写的是：

今天做了一件令我十分后悔的事。今天早上，我在本该做操的时间里躲在二楼厕所旁玩，导致班级荣誉受到影响。我觉得很对不起班上的同学。其实我就是因为太阳太晒了而不想出操，但其他同学个个都去了，为此我觉得自己确实不对，而且站在老师的角度去看的话，老师也会很难做，骂吧，怕伤我自尊；不理吧，又会让我任意妄为。如果我是班主任，就只能寻求平衡了，在给学生说明事实真相时，尽量不让学生感到面子上过不去。老师其实是最难做的了。所以，我深知自己错了，并且保证下次不再做同样的事。

宏俊会不会再犯类似的低级错误，这需要时间来证明。不过，他们能体会到老师难做，对他也算是有点触动吧。我想要的不就是这个结果吗？只有他内心真正认识到错误，并且体会到老师的用心，他才会认真地去改进自身的缺点。

周维贤写的是：

如果我是老师，我会先与学生沟通一下，做一下思想教育，给他机会，对学生要有信心，让他知道自己错在哪里，然后让他改正。犯错是正常的，可以使他认识到什么是正确。如果一个人没有犯过错误，那才不正常。

周维贤虽然写得简短，但也直抵事情的本质。的确，孩子有过失是极为正常的事。班主任若能在孩子犯错时抓住恰当的教育契机，适时适当地把正确的理念如春风化雨般地渗透到孩子的心田，那么，孩子的过失就会越来越少。

说得如此铿锵有理，那么他们究竟自我教育得如何呢？今天的大课间，我故意在教室里磨蹭，等所有同学都走出教室，我才从高二那边的楼梯下楼，也就是说，没有一个孩子看见我尾随其后。

走到孩子们练习的地方，我先是站在女生堆里观看女生如何练习，然后再慢悠悠地转到男生群里，眼睛一阵扫视。我想知道宏俊和周维贤究竟是否真的认识到自己的错误，是否真的参与到跳绳队伍中来了。

还好,两个孩子都在人群里,笑嘻嘻地你推我搡准备跳绳。我望着他们,会意一笑,一句话也没说,扭头愉快地观看男孩们火热的多人跳绳练习。

教育,就是如此美妙。当你懂得如何去弹奏一曲美妙的心灵之乐时,你收获的便是高山流水般的悠然畅快,渔舟唱晚般的浪漫闲适。如果你在弹奏时,还能拨动孩子们的心弦,那么,你看到的便是教育之中的云霓和彩虹。

做这样的老师,是幸福而轻松的。

令孩子谨遵师训的五步法

学校的晚修是这样安排的：时间是两个半小时，中间有十分钟休息，安排一名老师看班，不可以讲课，学生做作业看书。要说这样的安排并无不妥，问题就在于孩子们没有良好的学习习惯，也缺少学习热情，所以两个半小时的自习对他们来说如油煎般难熬。当然，他们是不甘心受此煎熬的，所以，总要寻找机会搞事，以摆脱冗长时间带来的无聊。

其实，对于乐美家族的孩子们在晚修时间搞出来的小动作，我一贯是抱着理解和宽容的态度。不过，理解不等于无视，宽容不等于纵容。所以，当他们在晚修时间表现出任意说小话，随意离开座位，前后左右无所事事互相嬉闹的行为时，我以为，这股歪风就应该整顿了。

如何整顿呢？全盘否定他们的行为只会造

成师生对立；居高临下的教训也只能让他们口服心不服；高调显摆更难赢得他们的认可。所以，我得先退后进，把自己置于心灵的低洼处，趁孩子们毫不设防的时候，再一跃而上占据他们心灵的制高点。到那时，就是我着手整顿的最佳时间。

于是我谋定而后动。

凡是我看班的晚修，我就坐在教室里一动也不动，双眼死死地盯着他们。他们惧于我的威严，自然是不敢造次的。至于其他老师看班的晚修，我则坐在办公室里（我的办公位置就在乐美家族的后门旁）做事，隔一会儿往后门旁一站，孩子们见我总是不定时地在后门旁窥探，无奈之下只得收敛不良行为。但这样下去，成本实在是太大了。不说我投入的时间和精力的成本之巨大，事实上我这样的投入对谁都没有好处，只不过是一种无奈的消耗而已。它严重地打破了师生之间的信任机制，助长了一股欺瞒风气。单是它悄无声息产生的危害就足以令我收手了。什么危害呢？我发现，这种做法不是纵容了孩子的惰性，就是培养了孩子的投机钻营心理。

几天后的某个晚修，我故意感慨万千地说："唉！我发现我的身份变了，再怎么说，我也是一名中学高级教师、优秀班主任，但我怎么就变成监工了呢？"孩子们闻言，没说话，只是吃惊地望着我。我苦笑着问："监工面对的对象是什么？""是被监视的对象。"有孩子小声地说。"对啊，我变成监工，你们就变成了被监视的对象。本来，我们师生是拴在一根绳上的蚂蚱，同呼吸，共命运，互相鼓励，共同进退。可是，当我变成监工的时候，我们就对立了。我每天拿着教鞭巡查，谁要是不听话，我就一鞭子打过去，而你们，每天想的就是如何防着我的教鞭不要打在自己身上。你们说，这样的师生关系还有什么意思？我觉得很累，很痛苦，扮演这样的角色我觉得很失败,请大家想一想,我该如何摆脱这种尴尬无奈的角色?"我问。孩子们都没说话,诧异且兴趣十足地望着我,期待我继续往下说。

别看乐美家族的孩子是高一学生,他们一样"很傻,很天真"。为什么这么说呢?因为他们常年待在学校,除了面对课本外,几乎没有读过其他书籍,见识少得令我咋舌。不是我大惊小怪,这是有事实可证的:课堂上,我信手拈来几个常用成语,很多孩子都表示没有听过;当我随意举个例子,并且举的都是当下网络上炒得沸沸扬扬的例子时,他们只会张大嘴巴讶异地望着我;甚至我说到马云、俞敏洪、李开复等人,很多孩子也不知道,更别说什么名著、当下时文了。资讯极其发达的时代何以造就出对此一无所知的孩子?很显然,在学校,他们只读教材,其余不沾边;回到家里,他们就是玩,遑论阅读。长此以往,即便是深圳市的孩子,也一样是孤陋寡闻的。如何解决这个问题还不是当务之急,当务之急是要培养乐美家族孩子的优秀习惯!

我说:"古话说'严师出高徒',不过我还有一句话,那就是'高徒出名师',也就是说我要想成为名师,你们个个都得是高徒!否则,咱们师生都没有出路!大家想过没有,为什么自己的学业成绩落后了?为什么一路走下来都在打败仗?原因何在?很简单,课堂上同学们静不下心来,不是听不进课,就是找不到事情做,偶尔一两次,于己无害,长久下去,自然而然就成了学习的'困难户'。大家扪心自问,愿不愿意改变当前这种状况?""愿意!"大多数孩子附和着说。

"很好!我最后能成为什么角色,完全由你们的素质来决定!如果你们每天都能进步,我自然是笑口常开,温柔亲和;如果你们死猪不怕开水烫，我就可能变成扬起杀猪刀的杀猪匠；如果你们叽叽喳喳嘴不停，我就有可能变成啰里啰唆的事儿妈……总之，你们优秀，我就卓越；你们卓越，我自然就成了名师。所以啊，我的教育人生过得怎么样，你们是决定性因素！"我笑吟吟地说道。孩子毕竟是孩子，听我一捧，马上就觉得自己是无比重要的，个个脸上笑意粲然。

我看孩子们的心已经被我说动，不失时机地继续动员道："我带班二十来年，观察得出规律性的结论，那就是：凡是沉不住气、静不下来的同学，都考不上大学！相反，凡是心静脑勤习惯好的孩子，就算没考上大学，都很有出息！我希望乐美家族每个同学今后都有出息。那么该如何做呢？很简单，静下来。首先是静心，因为静心则专；其次是静坐，因为静坐则宁；更重要的是静能生慧。每天吵吵嚷嚷的，心浮气躁，你能做什么？大家觉得如何？能不能试着让自己静下来？"

我这番话赢得了孩子们的颔首认同。

"那么从现在开始，晚修纪律要以'静'为考核标准。首先是心静下来，接着是嘴巴静下来。不做与学习无关的事情，不随意离开自己的座位。有老师看班，表现出色，没有老师看班，更加出色！我们先试做一周，如何？"我满怀期待地问道。

一周过去了，乐美家族的晚修纪律与之前相比，已是截然不同了。无论何时，我到后门观望，教室里都很安静，每个孩子都在做自己的事。有时，就算是我看班的晚修，也不用整晚待在教室里，简单看看就能回办公室备课，孩子们在教室里安静地做事。二楼的小白板上，再也没有出现过乐美家族晚修违规被扣分的情况。

为何有此成效？我想概括起来无非有以下五点：

其一，把自己的身段放低，不居高临下，不说教训斥，让孩子认为老师是理解他们的，想帮助他们，而非整治他们，因此他们会心悦诚服地接受。

其二，以退为进，以自己的身份变化为切入点，暗示孩子们，要想老师欣赏你，你就要把自己提高一个层次。

其三，信任孩子，给孩子进步的空间和时间，让他们产生成就感。

其四，及时反馈我的感受，让孩子知道我的想法，从而努力去达成我的心愿。记得第一晚，晚修结束时，我说道："今晚的晚修表现非常好，我很满意，也很高兴。有个小提醒，请大家重视：优秀的行为不算优秀，优秀的行为习惯才是真正的优秀！因此，我们要把优秀当作我们的习惯！"

其五，关系大于教育。这话一点儿都不假，经过一个多月的磨合，乐美家族的孩子不但接受了我，而且喜欢上了我。很多家长都给我打电话反馈，孩子们认为我是他们遇见的最好的老师。或许我的工作能有效开展，和谐的师生关系起了决定性的作用！

顺便还说一句，今天我利用校讯通和很多家长进行了沟通，很多家长都对我表达了极大的感激之情。他们的共同说辞就是孩子回去跟他们讲，我是一个非常好的老师，孩子们都很喜欢我、敬佩我。难怪我的管理整顿没有遇到任何阻碍，轻而易举就取得了成效，原来真正的原因是乐美家族的孩子们已经喜欢乃至敬佩我了。这就说明，与其用说教去征服孩子，还不如用人品、做法、理念去征服孩子。因为当他们认可我、接纳我、信任我、敬佩我的时候，他们势必会与我共同进退。

褒奖促进正强化

"传声筒"肯定不是一个美妙的词语。说得客气点,它是指那种只会传达别人的话,自己却毫无主见的人。说得不客气,甚至还带有贬义,它指的是私下传播不该传播的或来源不可靠的消息。话是这样说,但依我之见还得看传播的究竟是什么内容,或者说传播的那个人是谁。也就是说,内容和传播者非常重要。

如果是一个德高望重的人,传播第三者的赞扬,那么听者一定会信以为真并且激动万分。我听高中部的德育主任刘老师说,她读初中时成绩不是班上最棒的,但她的一个老师总是在背后赞扬她,而另一个老师呢,又特别喜欢传话。于是,每次老师赞扬她之后,很快就会传到她的耳朵里来,于是她越发努力,最后真的成了班里最棒的学生。这就说明,背后赞美比当面赞美更有效,间接赞美比直接吹捧更让人心动。

乐美家族的孩子,还沉浸在参加学校表演比赛成功的激动之中,他们的激情尚未消退,所以,我要抓住这个契机,再次推动他们,让他们拥有一次成功的高峰体验,以促使他们把心思转移到学习上来,在学习上实现一次质的飞跃。

周五晚修本是数学老师看班,我提前进入教室,先是把我拍的照片以及录下的节目拷贝到电脑里。当然,我在做这些事情的时候,孩子们也热络地围聚着,快活地议论着。我故意说自己很笨,对相机的功能了解得很少,照片拍不好,录的节目也不全。不待我说完,马上就有孩子说:"老师放心啦,有人拍照的,也有人帮忙录的。"我赶紧称赞道:"哎呀,学生能力强,老师真是不操心啊!难怪陶行知先生说:教师的成功,是创造出值得自己崇拜的人。先生之最大快乐,是创造出值得自己崇拜的学生。"孩子们听到我这样说,个个耸起眉毛,嘟起嘴巴,扮怪相臭美起来。

等孩子们都到齐,我示意他们安静,说:"今天,你们的表演,真的是让我惊喜到惊恐,我说过,你们是我的骄傲!你们没有让我失望。今天,我很感动,也很激动,我说的每一句话都是我的肺腑之言,我没有半点矫情,我就是那样的感受。我一直都说,乐美家族的孩子最具有包容心态,你们把我所有的缺点都包容了。为了不让我失望,刘恒同学在写'迎大运'征文时,他说脑水都搅干了,仍在使劲地搅,并且还搅出一篇文章。暂且不论他的文章质量如何,他的态度足以令人动容。看我,感情用事,话扯远了。就说今天吧。大家知道吗?当你们表演完毕之后,有三个外班的同学跟我说了三句不同的话,你们知道是什么话吗?"

坐在讲台前第二排的童童马上接话道:"肯定是说你特别

好。"我莞尔一笑,说:"不是呢,是与你们有关的话。"孩子们不解地望着我,欲言又止。我看他们急切,也就不再制造悬念,说:"第一个是五班的班长,你们表演结束,他对我真诚地说道:'你们班非常成功!'从这两周来看,无论是量化考核,还是晨读,我们都超越了五班。这说明什么啊?不是我们做不到,而是以前我们没有用心做,只要我们用心,就一定做得好!"孩子们面露喜色,点头附和。

我接着说:"后两个同学我不认识,其中一个跟我说:'老师,你们班好棒哦!'这绝非奉承,而是非常诚恳的称赞和羡慕。晚修前我上楼的时候,有个同学找我说话,也就是今晚第三个跟我说话的外班同学,她是怎么说的呢?"我故意卖关子,设了个问,停顿不语望着大家。孩子们左右望望,摇头。我笑着说:"她说:'老师,你们班好团结哦!'这句话是什么意思?就是说她很羡慕我们的团结,说明她的班级不如我们班团结!之前,很多同学不无担忧地跟我说,乐美家族不太团结,但是从这次才艺广场活动来看,我们班51个同学,那真是凝聚成了一条心,所以才有这样好的效果。大家看过《十八岁的天空》吧?古越涛老师带的那群孩子,哪个比乐美家族的同学强?但是,他们为了给自己争一口气,为了古老师,为了自己的班级,硬是咬牙学习,全班疯狂学习的那个场景成为我心中永远不灭的明灯!照亮了我的心灵,它无时无刻不在提醒我,相信孩子,相信蛰伏在孩子心灵的巨大潜力!相信每个睡梦中的孩子,只要他们醒来,就是所向无敌的雄狮!所以,我无比坚定地相信,只要我们乐美家族的同学拿出那种劲头,你们同样会创造出属于自己的神话!"

这番话真的是很具有鼓舞性,如果是重点班,效果会奇好,但在艺术班，效果是打折扣的。不过，我不会在意，就算他们是一群在别人眼里无可救药的孩子，我也要把他们当作最优秀的孩子来对待！因为我始终相信，教师的心灵就是一面镜子，你把孩子照成什么样，孩子就会变成什么样。

第二节晚修是数学老师看班，结束后我问他班级情况，他说整体状况很好，不过还是有点躁动。虽然有点躁动，我也很受鼓舞，毕竟只是有点小躁动，如果没有我事前的铺垫和打底，只怕就不是小躁动的问题了。艺术班的孩子，最麻烦的是学业成绩，而学业成绩差又是导致课堂违规的首要原因。

周六早晨，在我的早读上，我又做了一次传声筒。我笑吟吟地说："今天一早，六班的班主任就忧心忡忡地跟我说，说的是什么，你们知道吗？"孩子们笑笑，摇头。我说："你们昨天的精彩演出，给六班的同学带来了无穷的压力，他们跟班主任说，我们班搞得太成功了，他们肯定做不过我们。"孩子们一听，嘿嘿一笑，得意起来。"还有级长的评价呢，想听吗？"我说得不急不缓，故意吊孩子们的胃口。有孩子急了，问："老师，级长怎么说啊？"我笑笑，说："级长昨天没参加，她根本就没看到。""唉，那说什么呢？是不是批评我们啊？"有孩子叹气，焦虑地问道。"呵呵，级长是没去看，很遗憾。不过，她女儿全程观看了，看完回去跟她妈妈汇报，说我们搞得特别成功！今天级长亲自跟我讲，她实在是有事，没有来看大家表演，但据她女儿讲，特别成功，祝贺我们。"孩子们"哗"的一下激动起来。我知道他们为什么激动，大家都知道，级长是一个非常挑剔的人，能够让一个挑剔的人说出欣赏的话来，可见，我们班的确做得很好，所以孩子们听了特别兴奋。

由此看来，我好似一个嚼舌根的女人，不，我从不是那样的人，我只是一个充满诚意的"传声筒"，只是把这些真诚的赞美传达给我的孩子们。因为，他们太需要肯定了。他们之所以在学业上受挫，正是因为从小到大得到的肯定太少了。我知道每个孩子学业落后的背后都有一段不堪回首的故事，所以，我要抓住每个契机去激励他们，去擦拭他们那颗生锈的心灵，去撞击他们那颗麻木的心，让他们重燃生命的激情！

教育的使命就是培养合格的现代公民

高一年级6月的月考在10号下午举行,那么上午就要布置考室。级长说,尽量不耽误学生的学习时间,最后一节课提前10分钟下课,班主任就利用这10分钟布置考室。

布置考室,本是一件极为简单的事,但我很久没布置过考室了。不是我懒,而是我的学生知情识趣,每每看到我拿着考笺,都会抢着帮我把这事做了,他们还说:"徒儿在此,何劳师傅出手!"虽然说得颇有江湖习气,不过我听着很受用,心中爱极了那些懂事贴心的学生。

到了深圳,虽然乐美家族的孩子极具包容心,对我也谦恭有礼,但是,我总觉得他们身上缺少一种对人的自觉关怀。或许这本身就是移民城市的特点,因为没有深厚的文化底蕴,缺乏人文根基，所以，对待他人只是一种公式化的礼貌。

回头来说布置考室的事吧。

上午第四节课是地理课，距离下课还有15分钟，我就听到推拉桌椅发出的令人烦躁的嘎吱声。我以为是地理老师组织乐美家族的孩子在搬动桌椅了，出办公室一看，孩子们都还坐得好好的，隔壁的六班也未动，看来是楼下的班级在搬动桌椅了。

既然别的班级都在搬动桌椅了，我也就迅速进了教室，组织孩子们将多余的桌凳搬到教室外面的走廊上。于是，一阵嘎吱声灌入耳内，吵得人心烦。关于这种扰人耳朵的行为，我提醒了很多次，甚至还专门在课堂上说过固体传声很容易制造噪声，希望大家用手抬，而不要拖，以免发出的怪声让人难受，甚至我还抛出了"己所不欲勿施于人"的圣人哲理，可孩子们仍然置若罔闻，凡是搬桌椅时，能拖则拖，能推就推，怪异的嘎吱声不绝于耳。

他们是坏孩子吗？不是！用学校的考核制度去考核他们，个个都是好孩子。只是这些好孩子缺乏换位思考，缺乏对生命的体贴。他们重视的只是自己的感受和方便与否。一个有良知的教育者，是不能纵容这种现象反复上演的。所以，我总是会去纠正他们那种不顾别人感受的行为。我的态度是，即便别人干扰了我们，我们也不应该去干扰别人。就好比，有人杀人，我们应该用法律来制裁他，而不是去以暴制暴。

5分钟不到，孩子们就把多余的桌椅搬到了教室外的走廊上，然后，一哄而散。至于教室里剩下的桌椅，有的被搬到了指定位置，有的还横七竖八地歪斜着，总之，凌乱不堪。望着乱糟糟的教室，尽管外面烈日横空，我仍觉得寒冬将至。寒冷之中总算还有一点余温——卫生委员田伟留了下来，另外，向我解释为何没有完成写作任务的于寒见人少事多，也赶紧拿起扫帚打扫地上的纸屑。

田伟不仅把地面打扫得干干净净，还把垃圾也倒了。看着他忙碌的背影，我想，负责第17周教室清洁任务的成员到哪里去了呢？如果他们看到属于自己的职责却转嫁到卫生委员身上，他们心里会怎么想呢？

我不忍心耽误田伟回家吃饭和午休的时间，让他先走。我一个人慢慢将考室布置完毕才下楼。下楼的时候，整栋楼只有我踽踽独行的寂寞身影，那一瞬间，我突然很想哭。为什么现在的孩子虽会唱"只要人人都献出一点爱，我们的世界将会变得更美好"，却鲜有献出爱的行为呢？

等我走到食堂，对胃口的菜已经没有了，只剩下炸鱼和豆腐。炸鱼，我是坚决不吃的，食堂的豆腐，也是我最不喜欢吃的。到学校外面去吃吗？太阳如毒蝎的刺一般扎在身上，火辣辣地痛。再说了，我下午的监考，已由第二堂临时调换到第一堂，只有尽快吃饭抓紧午休，才不至于影响下午的监考工作。无奈之下，我只好打一份最令我厌恶的豆腐（这种豆腐的做法实在不敢恭维，换作麻婆豆腐，我连汤汁都会喝了），味同嚼蜡般吃下。

回到家里，已是13点30分了，简单洗漱后，我上床准备午休。刚躺下，手机短信铃声响了，我打开一看，是儿子发来的。他问我吃饭没有，说上午跟班主任沟通理清一些问题，重新燃起了学习的欲望，从现在开始，绝不会让我失望，希望我好好保重身体，开心工作。看了儿子的短信，我百感交集，到底是自己的儿子，不论我骂得多狠，他都牵挂着我。可是，说句良心话，我对学生的付出，远远超过我对儿子的付出。

我侧躺着，一边给儿子回短信，一边泪如雨下，我太亏欠我的儿子了。这么些年，为了做一个灵魂的呼唤者，为了寻求教育的真相，竭尽所能地去为学生描绘青春版图，我不停地朝前行走，却把自己的孩子落在了后面。

同学们，如果换作你们，你们会怎么想？你们认为这种付出值得吗？

或许你们一时间很迷茫，也读不懂我的心声。但你们一定要明白，你们需要爱护，需要尊重和理解，老师也需要爱护，需要理解和尊重啊！人同此心，心同此理，大家都是血肉之躯，都是很脆弱的，需要互相支撑，彼此爱护，相互滋润。如果生命之间没有热情，没有呵护和润泽，就会人心隔断，心海干涸，心花枯萎。这样的生命，活着还有精彩可言吗？

我虽然心灵受创，却并不责怪大家。反思之下惊觉，真正失误的还是我。

第一，在搬动桌椅之前，我没有有条不紊地安排相关事宜，而是进入教室就宣布搬桌椅。既然我说的是搬桌椅，孩子们按指令行事搬完桌椅即完事，离开教室是理所当然的。

第二，我没有告知劳动组的同学，要求他们在搬完桌椅后留下打扫教室。用餐在即，孩子们腹中饥饿，本能促使他们朝食堂狂奔，此属正常现象。

第三，班委干部在此没有起到一呼百应的作用，也没有留下来助我一臂之力，只能说明平时我在培养班委干部的时候，没有将"没事找事，主动做事"的理念渗透到班干部的头脑里。

第四，平时对于一些小事，我都悄悄地做了，在孩子们的眼里，布置教室又算得了什么，根本不用他们操心。看来，我实在是包办得太多了，以至于孩子们都理所当然地认为这些事该由老师做。

  教育之路任重而道远！我没有时间去生孩子们的气，也没有理由去生孩子们的气，我必须找到一条通道，让我有路可走，并竭尽全力地将孩子们培养成合格的现代公民，这是为师者的历史使命。

着装也是建立教师形象的关键

最近几天,我遇到两件令人欣慰又颇感尴尬的事。

其一,某天,我扬扬自得地穿了一件带小褂的黑色真丝裙子,自我感觉很好。黑色,有显瘦效果,我穿了看起来不但不显胖,还自带飘逸之感。我一向爱臭美,在着装上从不随便。

可是,我还没臭美完,就收到一张匿名字条,上面写着:

老师,请注意你的衣着。

我惊骇了!老天,我的衣着怎么啦?黑色的,多稳重啊,上身还穿了一件黑色小褂,多保守啊。这样的着装也会招致学生的诟病?那我该穿什么?到了深圳,我才知道,我们四川女人有多讲究!深圳人啊,包里揣着不少钱,却不知道他们该怎么花。穿,没见他们穿得有多漂亮；吃，也没看到他们吃得有多讲究。我是打死也不愿意穿着拖鞋上街、素面朝天上班的。我喜欢穿着漂亮的衣服，化着精致的淡妆，微笑着与每个人眼神接触。我觉得那是对自己最体贴的呵护，也是对别人最礼貌的尊重。

可是，我的学生却提醒我注意衣着！我郁闷了，难不成我现在也要入乡随俗，把我的那些漂亮衣服束之高阁，然后，穿成一个走进人群便被淹没的中年妇女？那我太亏了，我这么努力，为的是什么？还不是为了提高我生命的质量！我曾经发过宏愿：健康地活着，优雅地变老！

为自己找了一通借口后，我仍坦然地穿着那套自我感觉挺好的黑色真丝裙走来走去，美得我把学生的提醒也抛诸脑后了。

中午去餐厅吃饭，我跟同行的林老师随口提起，说："我的学生就像管家婆，我穿个裙子都要管着我，还提醒我注意衣着，我这裙子嘛，也算是特别保守的吧，那些时髦露骨的衣裙，我都没穿出来。"说完，正好上楼梯，我走前，林老师殿后。突然，林老师醒悟似的说："你的学生对你真好，你这裙子，平着走，没问题，但要是你站在较高的地方，又有强光照射的话，略微有点透，估计学生是看到这种情形了，提醒你注意。"我一听，本能地叫了一声"妈妈呀"，然后低声问林老师："真的吗？果真是透明的吗？"林老师呵呵笑着说："也不算透，没有强光照射，根本就看不出。"

原来如此，是我臭美得出了事故，还抱怨孩子管我管得太宽。想想，平时我们老师总是指责学生这儿不好那儿不对，其实学生也在时时刻刻注视着自己的老师，对于老师的不良行为，一定腹诽颇多，只是都装在心里，默默地在一旁冷笑。

这算是我的一件糗事，写出来警诫自己，今后在学生面前一定要注意每一个细节，身为老师，每时每刻都要成为学生的榜样。

其二，昨天是母亲节，我收到几份礼物，打开其中一份一看，是两个银制耳钉。这不奇怪，女孩们一定是看我爱臭美，于是索性送我一副耳钉，让我更加臭美去。不过，再看就奇怪了，竟然还有两双船袜。太奇怪了，虽然我经常会收到学生的小礼物，可也没见送袜子的啊。我心中疑惑，就想寻找答案，于是我把礼物盒提起来，底朝天，往外使劲一倒，掉出来一个便笺。展开一看：

老师，今天是母亲节。你的儿子不在身边，而你又是我们乐美家族的家长，所以我们想陪伴你度过这个节日。我代表乐美家族的全体成员，祝你：节日快乐，身体健康，工作顺利，青春永驻！我们送你袜子的原因是：穿裙子的时候，穿那么长的袜子，好像不太美观，所以我们送了较短的。

天哪！看完便笺，就算我一个人在家，也羞得捂住了脸。我想起来了，就是上周三演讲比赛那天，我穿了一双新买的鱼口凉鞋。因为是新买的，穿着脚不舒服，我就想找一双袜子穿上，好让我的脚舒服一点。可我有个习惯，不穿长筒丝袜，也不穿连裤袜。那么，我就只有穿长及脚踝的短袜。可这种长度的袜子穿在脚上套在凉鞋里，与漂亮的连衣裙实在是不般配。但我的脚要紧啊，总不至于为了追求美而削足适履吧！出于对双脚的爱护，尽管自己不甚满意，我还是穿了一双长及脚踝的短袜摇摇曳曳地出门。

本以为无人注意，我自信地在台前端坐，饶有兴致地听孩子们演讲，之后还穿梭于台前，帮孩子们准备奖品，不承想会给孩子留下如此深刻的印象。有些学生，对于所见心里或起涟漪，但过眼也就忘了。只是他们的潜意识会记住：原来这个老师不注重细节，那么我随意一些也未尝不可。另有一些学生，会以此为笑话到处传播，以至于影响老师的形象，降低老师的威信。但是，让我感动且欣慰的是，乐美家族的孩子，看见了，也记住了，不仅没有笑话我，还帮我买了两双短至脚背的船袜。

　　这两件事，说来是很不起眼的小事情，但从中可以窥出教育的大道理。很多时候，就是我们老师忽略的小细节造成了教育的诸多内伤。为了医治这些内伤，我们又用强制、管制的手段去迫使学生听话，从而造成更多硬伤。这种恶性循环就是教育的彻底失败。由此可见，为人师者，不仅学问要高、人品要正，还不可以忽略任何细节！

"说教"不失为一种教育方式

苏霍姆林斯基认为，当学生意识到老师在教育他的时候，这样的教育其实已经失败了。事实上我也很赞同对学生不着痕迹的教育，但具体的情形是，不是所有的孩子都能对老师无痕的教育心领神会。如同面对一个沉睡的人，你如果只是在他耳边轻轻吹气，他会照睡不误。但如果你摇摇他，再大声地呼唤他，他就会醒过来。当然，一个本来就醒着的人，需要你如此大动干戈吗？

苏霍姆林斯基还有一个著名的论断，那就是：真正的教育是自我教育。我对此话深信不疑，也将之视为一个教育者应该追求的教育境界。但问题是，在孩子没有学会自我教育之前，教育者应该怎么教育孩子呢？

大师的话固然很有道理，但当大师之言只是一种教育理想时，我们仍不得不面对我们的教育现实。

绕这么大一个圈子，我无非就是想说：虽然孩子们不喜欢说教，但我们的教育仍然需要说教。因为他们就像一个个沉入梦乡的贪睡者，不重锤出击，他们是不会醒过来的。

而乐美家族的孩子，就仿佛是一群贪睡者，每天沉醉在自以为是的梦境里，做着不切实际、不求进取的白日梦。

我想，对于他们的恶习，我必须要毫不含糊地、义正词严地大声说出来！我绝不会为了获得他们的认可而放弃自己的原则，也绝不畏惧于投诉而让步。现在的孩子，既不能骂，也不能打。温和一点，他以为这个老师好欺负；严厉一点，他觉得这个老师不近人情；一贯表扬，他认为该老师善于忽悠；惯于苛责，他背后会说此老师变态。当然，不是所有的孩子都有这样阴暗的心理，但是那小部分孩子的阴暗心态会左右很多心态阳光的孩子。

今天的班会课上，我打算就这两周的班级表现做一个分析总结，顺带说教他们一番，看看是否因此就会伤害一颗颗脆弱的心灵。

我想好之后，草拟一个提纲。等到班会课开始，我就张开大嘴噼里啪啦地说开了。

首先，我举起手中的"胡萝卜"，说："我分析了咱们学校近几年的高考现状：文科、理科，即便是重点班，上重点本科的也很少，即使高段专科，也不是很看好，而艺术班则是升重点的大户。也就是说，我们学校的办学特色，艺术班才是重点班！所以，我一接手乐美家族就没敢掉以轻心，在我的心里，我就是把它当作重点班，就是把你们当作重点班的学生来要求！破窗效应，知道吧？你如果把自己当作一扇破窗户，就会破罐子破摔。相反，如果你把自己当作优秀人物来要求，你就会越来越优秀。所以，我们乐美家族的同学如果把自己班看作是重点班，就会以重点班的标准来要求自己，最后，我们就会成为重要人物；相反，如果我们把自己班当作是差班，甚至烂班，那么，我告诉你们，等不到高考那天，我们就会烂得无可救药！"

著名心理学家威廉·詹姆斯曾说："人性中最深切的心理动机，是被人赏识的渴望。"乐美家族的孩子听我说要把他们当重点班带，脸上都露出了一丝难以置信却又不乏得意的笑容。

看他们心情颇好，我赶紧举起手上的"大棒"，说："我知道你们大了，对人对事都有自己的看法，特别不喜欢老师说教。但老师作为成年人、过来人，还是想针对你们近两周的表现提出我的建议。如果你觉得有理，你不妨采纳；如果你觉得是废话，可以保留自己的想法。"或许是我说得比较诚恳，没有孩子发出冷笑。

我接着说：

"一、学会分配自己的时间。我观察过同学们上第八节课和晚修的状态，都是在浪费时间。要么是讲小话，发呆，看《故事会》、漫画或玄幻小说，要么是东张西望，东摸西找，找不到事情做。我建议同学们学会分配时间。我知道，同学们在专业课上都很投入，时间浪费得比较少，但对于文化课时间，则抓得不紧。既然选择了艺术班，你们注定就要比文科班的同学辛苦，因为平白多了专业课嘛，所以你要比别人更善于利用时间。能够在课堂上完成的，绝不拖到课后去。自习课上，先在脑子里梳理一下，当天有什么作业，立即拿出来依次完成。如果记忆力较差，你可以列一张清单，照单完成，待所有的任务都完成，你才可以看课外书。作为高中生，在利用时间上不能任意妄为，而应该理性分配。你们就要成年了,学会管理和合理分配自己的时间,力争在有限的时间里完成更多的任务,才能赢得先机。

"二、学会规划自己的人生。每个人的人生都是与众不同的,彼此之间无法复制。所以,你想过什么样的人生,就得做出可行的人生规划。虽不必做细致的规划,但你最起码应该有一个目标,并且这个目标应该是当下最要紧的。我们在座的同学,对于上大学肯定有一个确切的目标。那要怎样才能实现这个目标呢?毫不含糊,要拿出你的成绩来说话!怎么拿出自己的成绩呢?文化课成绩加专业课成绩。专业课讲的是练、是悟,需要时间,同学们在专业课上面很投入,我很满意。不过同学们再扪心自问,理性地掐指算算,你只有专业成绩好,而文化课成绩不达标,又怎么能实现你的目标呢?所以,哪一科都不能轻视。这就好比人有两条腿,废一条就难以正常行走。再来说我们的学科吧,同学们普遍觉得理科难学,我也知道,理科是要讲前后联系的,一旦前面的内容'欠债'了,后面的内容就难学了。那怎么办呢?不要绝望,我们还可以靠文科来拉分!因为最后不是看单科成绩,而是看总成绩。因此,当你规划好自己的人生之后,就要抓紧时间扬长避短而非取长补短。

"三、学会克制。人的欲望是无穷无尽的,任其滋长,你就会成为欲望的奴隶。所以,一个内心强悍的人,一定是自己心灵的主宰者。他能够克制欲望和拒绝那些影响他学习和工作的诱惑。我观察了两周,发现同学们还停留在孩子气的层面,整天想着怎么玩,想着混时间,我觉得很可怕!就算你家财万贯,是富二代、富三代,如果不懂得克制,那最终也只能成长为败二代、败三代。有时候,下课铃一响,老师话还没说完,有些同学就忙着起身收拾书本想要离开教室了。还有下午第八节的自修课,只要老师盯得不紧,某些同学就按捺不住偷偷溜走了。克制不了心中的玩性，那你这辈子就玩完了。

"四、学会忍耐。就算是野生动物，也得遵守丛林法则，何况是人呢！人群内部的竞争远远超过了野生动物之间的竞争。如果缺乏耐力，你能做什么？我们去读读《马云传奇》，读读《俞敏洪传奇》，读读王刚，读读杨澜，他们哪一个不具有忍耐的品质以及理性的思考力呢？教学楼的二楼柱头上，不是有句关于忍耐的名言吗？有谁留心过？叫什么来着？（没有人回答，我只好自问自答）是卢梭的名言：忍耐乃一切痛苦的膏药！这就说明，一个没有忍耐力的人，注定是痛苦的！

"五、学会坚持。一个'三天打鱼两天晒网'的人，能成就什么事业？除了埋怨鱼少、网破之外，什么收获都没有。所以，我希望同学们能够学会坚持。认定的事就一定要坚持做下去。作为学生，学习是主业，生活注定会单调，甚至乏味一些。如果我们没有坚持不懈的精神，就很容易败在这些乏味的作业中，很容易滋生逃避、怠惰的心理。"

我一口气说了五大点，下课的铃声才响起。没有孩子不耐烦，也没有孩子嗤之以鼻，他们都听得很认真。

其实，教育不是不可以说教。孩子们之所以反感老师说教，是因为有些老师的说教里带着一种无形的暴力，这种暴力令孩子们焦虑又压抑，乃至反其道而行之。

后记

我说，我爱学生就像爱我的爱人一般，不仅矫情，而且煽情，甚至令人起鸡皮疙瘩，但我真的就是这样去爱的。我的爱，哪怕就是给予我的爱人，既不是迁就的，也不是狂热的，更不是独占的，而是细水长流的、善解人意的、宽容豁达的。而我，给予学生的爱，也如此。

也正是因为把学生当爱人来爱，每天早晨，我都是怀着赴约的心情进教室，用一张慈爱的脸迎接那些性格各异的孩子走进教室，共同开启一段快乐的人生旅行！

可是，这段快乐的旅行只有短短的5个月时间，我就不得不与这群在我生命中占据重要地位的学生分别了。

我即将到初中部去带初三学生。

此消息一出，无异于一颗重磅炸弹横

空而降。一时间,办公室的同事议论纷纷。羡慕者有之:你终于可以摆脱高中的晚修了。惋惜者有之:唉,你一手打造的乐美家族,进步那么大,你舍得吗?不解者有之:在深圳,中考的压力甚于高考,虽不上晚修,但工作的压力不低于高三,你干吗去啊?痛惜者有之:你去了初中部,高中部就少了一个得力干将啦。理解者有之:你的决定是对的,学生重要,自己的孩子更重要,任何老师都可以陪学生成长,但自己的孩子则需要母亲的陪伴才会成长得更好。

虽然各种言辞纷至沓来,但于我而言,都不重要。重要的是,我心里知道我需要什么,我该走什么样的路,或者说我适合走哪一条路,我自己最清楚。

其他暂且不论,唯一无法舍弃的是乐美家族的孩子。从感情上来说,我是真的舍不得乐美家族的孩子。虽说只有短短的一学期,但我是这个班的首任班主任。我分三个阶段,将一个重组班级打造成一个有目标、有追求、有理想的班级,并且为这个班级注入了灵魂,我称之为永不消失的班魂——不管在什么情况下,都要做一个善良、优秀、阳光、努力、上进的人!

这样一个用心打造的班级,我怎么舍得丢下呢?再说了,我和这帮孩子已经建立深厚感情,如今却要接纳另一批孩子,内心如何不惆怅?但是,作为教师,我没有选择,我必须说服自己去接纳其他孩子。

在此,我祝愿乐美家族每个孩子都能健康成长。我向每个同学保证,我会一直关注你们,直到你们高考完毕!

还有,也请乐美家族的每个同学记住,你们承诺要送我的一份礼物:这辈子,无论我走到哪里,都要让我觉得,碰到乐美家族的孩子，我三生有幸！还有，我也向你们索要过礼物，那就是：到高三毕业时，不论是音乐生还是美术生，把你们最得意的作品送一份给我！

这一切，我们都不要忘记！